COLLECTION
FOLIO/THÉÂTRE

Nathalie Sarraute

C'est beau

Édition présentée, établie et annotée
par Arnaud Rykner

Gallimard

Édition dérivée de la
Bibliothèque de la Pléiade.

© *Éditions Gallimard, 1975, pour* C'est beau,
2000, pour la préface et le dossier.

PRÉFACE

« Rien ne subsiste des obsessions, des tourments de la nuit. Ils font penser à ces taches, ces ombres que forment sur l'écran, dans la chambre obscure, les os d'un corps humain traversé par les rayons X. Elles disparaissent dès qu'on rallume la lumière, et le corps retrouve son opacité. »

Portrait d'un inconnu

68, ET APRÈS ?

Comme toujours chez Nathalie Sarraute, l'argument de C'est beau *est on ne peut plus simple — si simple qu'il se trouvera d'inévitables critiques pour blâmer le peu de contenu qu'une telle intrigue, apparemment, charrie. À qui prend pourtant le temps de déjouer ses faux-semblants, la pièce apparaît bien vite comme à double ou triple fond. Un homme et une femme — un père et une mère — se déchirent sous l'œil ironique d'un enfant — leur enfant —, dont la seule présence, même lointaine, les empêche d'admirer librement l'œuvre qu'ils contemplent. Impossible de prononcer les mots « C'est beau » face à ce que le regard hostile ou tout juste indifférent du Fils paraît renvoyer au néant. Comme le « Rayon qui tue*[1] *» des bandes dessinées qu'il affectionne, le jeune garçon, par les pensées qu'ils lui prêtent, paralyse ses parents et fige les mots qu'ils emploient.*

On a certes beau jeu d'évoquer, à propos de C'est beau, *le contexte de sa rédaction et le conflit de générations exacerbé par Mai 68. Tous les ingrédients d'un tel affrontement sont manifestement réunis. Au cœur de la pièce, un combat de valeurs :* comics contre musées ; *à sa périphérie, la réfutation de tout argument d'autorité et l'affirmation contradictoire de la toute-puissance paternelle (le « qui elle ? » qui ouvre et clôt magiquement le combat) ; égrenés au fil des répliques, les clichés d'une époque qui ne se reconnaît plus dans la génération montante : « Pensez donc, par les temps qui courent... avec la jeunesse qu'on voit en ce moment... avec tous ces propres-à-rien... » (p. 40). Pour un peu, Nathalie Sarraute passerait, avec* C'est beau, *pour l'une des grandes satiristes de son temps. L'amplification des sensations, qu'elle pratique depuis* Tropismes *(1939), devient ici véritable caricature d'un malaise historique : la culpabilité parentale*

---

1. L'expression est dans *Vous les entendez ?*, Folio, p. 127.

atteint des proportions gargantuesques. D'abord simple souvenir de l'évocation par Sartre des relations complexes d'Emma Bovary et de sa fille[1], *le dialogue des parents autour de la petite enfance du Fils est un véritable morceau d'anthologie (p. 28-33). On voit s'y dessiner ce qu'on pourrait nommer une idéologie du « maternellement correct », qui impose chatouilles et sourires complices pour langer bébé, objet transitionnel — comme disent les pédo-psychologues — respecté sinon révéré (le pouce dans la bouche), attention de tous les instants portée à la susceptibilité du fœtus, voire à celle de l'embryon, etc. Le sérieux avec lequel la mère fait son introspection et se rend responsable de toutes les tares supposées de l'enfant sanctionne dérisoirement la liste des impératifs dictés par le Dr Spock et ses avatars : « Tu te rends compte ! La perturbation pour lui. Le choc... » (p. 33)*

Malgré le grossissement comique que Sarraute fait subir aux scrupules maternels et le tour grotesque qu'ils prennent immanquablement, certains lecteurs ou spectateurs ont cependant trop vite réduit la pièce à ce heurt des générations[2]. *Outre que la critique sociologique n'a jamais constitué qu'un aspect mineur de*

---

1. L'information fut donnée par Nathalie Sarraute lors d'une conférence aux États-Unis (voir Gretchen Rous Besser, *Nathalie Sarraute,* Twayne Publishers, 1979, p. 132, note 15).
2. Au point d'y voir parfois « l'héritier non-politique des gauchistes de Mai 68 » (Benjamin Suhl. Voir la bibliographie, p. 97).

l'œuvre de l'écrivain, un regard porté sur les enjeux profonds de C'est beau *montre en fait que la matière essentielle en est autre.*

L'ART DU TROMPE-L'ŒIL

Le titre lui-même semble tiré de ces listes d'expressions toutes faites que ne cesse d'interroger l'auteur : « *Moi, ça me dépasse* », « *C'est bien, ça* », « *C'est vous que ça juge* », « *Tu ne t'aimes pas* », *etc. Déjà dans* Les Fruits d'or *une formule quasiment identique servait à écraser de son caractère péremptoire toute tentative pour apprécier une œuvre d'art :*

« C'est très beau. » Au moment voulu, sans une seconde de retard, sans un raté, le mécanisme s'est déclenché, la lourde machine dévale sur lui, sur eux, écrasant tout.

« C'est très beau... » comme le pavé de l'ours. Il gît écrasé, sanglant, et tous détournent les yeux[1].

Reconnue indémontrable, la « beauté » ainsi énoncée, et dénoncée, servait à couper court à toute appréciation personnelle et sincère d'une œuvre littéraire. Dans Portrait d'un inconnu, *la visite de l'exposition Manet par le narrateur et la Fille mettait de même en scène le pouvoir répressif d'un jugement esthétique, cette fois exprimé sous une forme familière :*

1. Folio, p. 113.

Il y a entre elle et ces tableaux comme une alliance, une complicité dirigée contre moi : […] quelque chose qu'elle capte à la pointe de son regard et cherche à faire passer en moi pour me redresser. Je me sens, tandis que je suis là, figé devant eux à son côté, pareil à l'écolier à qui l'institutrice place une règle en travers du dos, sous les bras, pour l'obliger à se tenir droit.

Tout à coup […] elle fait entendre un petit sifflement arrogant et me regarde en hochant la tête d'un air qui signifie : « C'est ça, hein? Qu'en dites-vous ? » Son sifflement acéré me transperce […] je me sens maintenant, cloué ici à son côté, semblable plutôt à l'insecte qu'on a fixé avec une épingle au fond de la boîte à couvercle de verre[1].

Mais indémontrable, et relevant donc de la pure autorité de celui qui la proclame, la beauté est par-dessus tout in-montrable : alors que dans les romans le « bel » objet peut donner prise à des descriptions suggestives qui nous le donnent à fantasmer (ainsi la statue de Vous les entendez?*), le théâtre donne concrètement à* voir *ce qu'on y expose. Autrement dit, représenter effectivement l'œuvre qu'admirent les parents de* C'est beau, *c'est risquer de bloquer tout le processus qui fait que le spectateur est tantôt proche du couple, tantôt complice du Fils.*

1. Folio, p. 191.

Que nous puissions nous-mêmes trouver ou non « belle » l'œuvre en question, et nous serons tentés de prendre parti et de condamner soit l'indifférence de l'enfant, soit le snobisme des parents (ou, pire, de trouver disproportionné le conflit provoqué par l'objet). Aussi Nathalie Sarraute se garde-t-elle bien d'évoquer avec précision cela *qui est dit « beau » par les uns, vaguement « chouette » par l'autre. Jusqu'à la fin de la pièce, il est même presque impossible de connaître la nature de l'œuvre : meuble, peinture, sculpture, livre ? Le mot « gravure » est prononcé si tardivement et avec une telle hésitation[1] que l'on comprend sans peine que l'objet importe finalement peu, et pour l'auteur et pour ses personnages. Le « ça » qui est « beau » est rendu abstrait au point de s'effacer devant sa seule fonction de « lieu commun » — ou, comme le disait Sartre du tropisme lui-même, de « lieu de rencontre de la communauté[2] » (ici communauté familiale). Mais, et c'est précisément là que tout le drame se noue, la rencontre ne peut avoir lieu parce que l'œuvre n'est qu'un trompe-l'œil, comme le conflit de générations qu'elle est censée cristalliser. Ce n'est pas l'éventuelle beauté d'un objet d'art qui compte, mais le trouble ressenti par des êtres infiniment proches, qui s'aperçoivent qu'ils ne peuvent tout partager et doivent nécessairement se meurtrir les uns les autres pour se construire en tant qu'individus.*

1. « [...] ça, ce que ton père me montrait tout à l'heure, cette gravure... » (p. 64).
2. Préface de *Portrait d'un inconnu*, Folio, p. 10.

Tel que la pièce le construit, justement, il n'est d'ailleurs pas sûr que le Fils soit aussi indifférent à l'œuvre que ses parents semblent le croire. Sa position de retrait ne vise que la formule qui sert de titre à la pièce, et qui, pour lui, tombe comme une masse aveugle et destructrice :

Eh bien, c'est cette expression « C'est beau »… ça me démolit tout… il suffit qu'on plaque ça sur n'importe quoi et aussitôt… tout prend un air… (p. 62)

Indémontrable, irreprésentable, la beauté serait alors également indicible. *Un souvenir d'enfance de l'auteur permet, sur ce plan, de faire le rapprochement avec le sentiment qu'éprouve le Fils :*

Je me rappelle quand j'avais une douzaine d'années, j'avais lu *Guerre et Paix* et cela avait été pour moi un bouleversement. En classe, on parle de Tolstoï et le professeur de littérature dit : « Est-ce que quelqu'un, ici, a lu *Guerre et Paix* ? Personne ? Même pas vous, Nathalie, qui pouvez lire le russe ? » Je n'ai rien dit. Parce que l'idée que le professeur allait se permettre de parler de cette « splendeur », qu'il allait même dire du bien de cette « merveille », m'était insupportable. Il ne fallait pas qu'il y touche de près ou de loin dans un langage quelconque, qu'il effleure ça. Et qu'il demande, en plus, mon avis ! que je commence à parler de cette « merveille » avec des mots ordinaires[1] !

En un sens, les mots, dont l'auteur dénonce au fil de ses livres le caractère mortifère — parce qu'ils figent la sensation qu'ils prétendent désigner —, acquièrent ici un pouvoir un peu différent. S'ils sont toujours mis en cause pour leur effet déceptif (leur incapacité à dire *le monde), étant malgré tout indispensables ils servent aussi de signes de reconnaissance, de moyen de s'affirmer et de se définir. À la limite, le sociolecte se fait idiolecte. D'où le combat qui a lieu tout au long de la pièce entre les mots des uns et ceux des autres.*

MOTS INTERDITS

Parce que incertaine et difficilement explicable, l'émotion esthétique cède apparemment le pas à de purs jeux de langage. Comme le dit le Fils avec « condescendan[ce] »... et lucidité[2], *la question n'est pas de savoir s'il est vrai que* « c'est beau ». *L'important est d'avouer clairement dans quel camp on se situe, à quel groupe, voire à quelle tribu, on appartient. Est-on du côté de ceux qui disent :* « de la

---

1. *Nathalie Sarraute. Qui êtes-vous ?*, Conversations avec Simone Benmussa, Lyon, La Manufacture, 1987, p. 74.
2. « Mais non, voyons... il ne s'agit pas de ça... » (p. 62).

chance », *ou avec ceux qui ont « du pot » (p. 29) ? S'encanaille-t-on à parler des « feignants » ou se contente-t-on de conspuer les « fainéants » (p. 35-36) ? Assume-t-on l'audace d'affirmer que, oui, décidément, « c'est beau », quand il serait si discret — ou si pudique ? — de dire « c'est chouette » ? Condamne-t-on les « vieux jeux » qui parlent encore de « respect » (p. 63) ou proscrit-on l'usage désobligeant d'une troisième personne pour désigner sa propre mère (« qui "elle" ? », p. 24 et 70) ? Dérisoires en apparence, ces combats érigent le langage en un système complexe où s'affrontent totems et tabous, « mots interdits » (p. 27) et formules sacro-saintes. De simples expressions, des paroles choisies servent de forteresses à l'abri desquelles les individus s'aguerrissent — avant de partir à l'assaut des positions ennemies.*

En même temps, l'interminable bataille à laquelle on assiste connaît son lot de trahisons et d'abandons, dont la mère donne très tôt le signal. Ainsi les valeurs brandies par Elle et Lui ne cessent-elles de fluctuer, comme pour mieux souligner l'ambivalence du conflit où les entraîne l'objet contemplé : le véritable « criminel », le béotien « borné », « obtus », qu'était d'abord le Fils laisse la place au « beau garçon », « si sensible et si fin », que ses parents finissent par voir en lui (le père immolant même sa propre jeunesse d'« idiot », « arriéré », ignorant de la vie). Tout se passe comme si le couple, déboussolé, ne parvenait plus à retrouver son chemin dans les méandres des mots. Comme plus tard les personnages de « Ne me parlez pas de ça » (texte court de L'Usage de la parole*), ceux de* C'est beau *cherchent leur marque, leur camp ; ils veulent trouver leur « place » et assigner la sienne à l'enfant (p. 25), sans vraiment réussir à s'inscrire dans une langue qui les définirait avec justesse. À y regarder de plus près, on s'aperçoit en fait que le langage n'est qu'un autre trompe-l'œil, ajouté aux faux-semblants sociaux ou esthétiques, aux écrans déjà dressés entre les protagonistes. Se protégeant sans cesse les uns des autres, érigeant des murs derrière lesquels s'abriter, les personnages ne parviennent plus à se voir dans la lumière et en oublient l'enjeu premier de la comédie qu'ils se donnent.*

« DERRIÈRE UN MUR »

L'un des intérêts majeurs de la pièce est de rendre concret un matériel métaphorique qui travaillait déjà l'ensemble des œuvres précédentes. Le « mur » derrière lequel les parents rêvent sans cesse de renvoyer l'enfant est censé les sauver du déferlement tropismique ; autrement dit, d'une image présente dès le Tropisme V[1]*, il fait un véritable dispositif scénique, capable d'associer les fonctions de* protection *et d'*occultation *caractéristiques des différents trompe-*

1. « Elle les sentait ainsi, étalés, immobiles derrière les murs, et prêts à tressaillir, à remuer » (*Tropismes*, in *Œuvres complètes*, Bibliothèque de la Pléiade, p. 9).

l'œil évoqués. En un sens, si l'on est tenté de faire de C'est beau *une pièce entièrement centrée sur le sentiment esthétique, sur une crise familiale ou sur les usages sociaux du langage, c'est peut-être pour éclipser ce qui sinon nous brûlerait les yeux. Par-delà la question de l'œuvre d'art, par-delà les relations entre parents et enfants, ce sont en effet, sans doute, les fondements de toute relation humaine en même temps que les fondements de notre relation au Réel qui sont en jeu. De même que le conflit de générations fait écran à l'universalité du tropisme (il n'est nul besoin d'être dans un rapport de filiation pour en éprouver un semblable), de même que — comme la mère finit par le comprendre — le mot fait écran à « la chose elle-même » (p. 63), le « C'est beau » initial nous oblige à regarder dans son envers, pour voir que ce qui se joue n'est ni beau ni rassurant. Face à ces êtres qui se déchirent pour coexister en éprouvant deux sentiments contraires, le titre de la pièce prend alors une connotation bien ironique.*

Tout n'est peut-être en fait qu'une question de distance, *ce que suggère l'alternance, chez les personnages, d'une volonté fusionnelle et d'un rejet total du partenaire. La pièce met ainsi en scène une constante quête de l'autre, quête qui ne parvient pas à établir le contact approprié (contact avec l'objet admiré, contact avec l'enfant, contact avec le conjoint). Ce que l'on pourrait appeler la « double postulation » sarrautienne, emblématisée dans* Portrait d'un inconnu *par l'opposition entre la Fille et le narrateur*[1]*, vient ici écarteler le couple. Le jeu de balancier auquel nous assistons (transformation du « crapaud » en « princesse » — p. 58 — et vice versa) témoigne ainsi d'une difficulté constante à se situer face à l'objet du désir ; renvoyés trop près ou trop loin, les personnages ne parviennent pas à faire leur la morale du porc-épic : juste assez près pour se tenir chaud, juste assez loin pour ne pas se blesser. Pour échapper aux « tourments de la nuit*[2] *» auxquels les a livrés une expression trop transparente de leurs émotions, ils sont forcés d'en revenir à l'« opacité des corps*[3] *», c'est-à-dire ici celle des mots. Elle seule guérit ceux qui ont voulu voir ce qui se cachait derrière le mur.*

ARNAUD RYKNER

---

1. Après l'évocation du Portrait et face à l'enthousiasme du narrateur, la Fille « a un sourire condescendant : "Ah ! oui, c'est bien ça... C'est ce que je pensais... Cette façon de juger la peinture... Vous êtes bien toujours le même... Incorrigible... Méfiez-vous, c'est très malsain ; ça ne donne jamais rien de bon, ce...", elle laisse tomber les mots avec une sorte de répugnance... "ce contact... trop personnel... la recherche de ces sortes d'émotions..." » (Folio, p. 194).
2. *Portrait d'un inconnu*, p. 123. Voir la citation exacte donnée en exergue.
3. *Ibid.*

C'est beau

LUI

C'est beau[1], tu ne trouves pas?

ELLE, *hésitante*

Oui...

LUI

Tu ne trouves pas que c'est beau?

ELLE, *comme à contrecœur*

Si... si...

LUI

Mais, qu'est-ce que tu as?

ELLE

Mais rien. Qu'est-ce que tu veux? Tu me demandes... Je te réponds oui...

LUI

Mais d'un tel air... tellement du bout des lèvres... comme si c'était une telle concession. *(Inquiet :)* Tu n'aimes pas ça ?

ELLE

Mais si, j'aime, je te l'ai dit... Mais juste maintenant... tu ne veux donc pas comprendre...

LUI

Non, en effet, je ne comprends pas...

LE FILS

Oh écoute, pourquoi faire semblant ? Tu sais bien que tu n'obtiendras rien de plus que ça... que du bout des lèvres... que d'une voix blanche... rien de plus... Rien, tu sais bien... Puisque je suis là... Et je n'ai même pas besoin de me montrer, pas besoin de faire coucou le voilà... Il suffit que je sois derrière le mur... enfermé dans ma chambre... Même derrière un mur de béton ma seule présence suffit pour que ça ne sorte pas : « C'est beau »... pas comme tu le voudrais...

LUI

Mais qu'est-ce qui te prend ? Qu'est-ce qu'il raconte ? Il devient fou ?

LE FILS

Fou !... Moi ? Ah toujours les mêmes réflexes de défense, les mêmes échappatoires, les mêmes camouflages... Pour tromper qui ?

Tiens, recommençons... Pour voir... Je vais aller dans ma chambre... Et toi, tu vas le répéter, tu vas dire comme tout à l'heure : « C'est beau, hein ? Tu ne trouves pas ? »

LUI

Tu te moques de moi !... Comment oses-tu ? Espèce de petit vaurien...

LE FILS

Ah voilà, c'est contagieux, ça te prend aussi. Tu l'as senti... tu recules. Tu n'oses pas. Le mot te reste dans la gorge... « C'est beau. Beau. Beau. Comme c'est beau. » Impossible, hein ? tu ne peux pas...

ELLE

C'est vrai, il a raison. Tu vois bien... Toi non plus, tu n'oses pas...

LUI

Tu deviens folle aussi. Je n'ose pas. Je ne peux pas dire : c'est beau, devant lui. Parce qu'il est là, ce petit idiot. Oui ! Beau. Beau. Une beauté parfaite. Beau à mourir. Beau.

ELLE

Oh, arrête, je t'en supplie, tais-toi.

LE FILS

Ah, rien que de l'entendre est au-dessus de ses forces. Ça lui donne chaud, n'est-ce pas ? Elle a envie de se boucher les oreilles... de se cacher...

LUI, *se réveillant*

Mais qu'est-ce qui se passe ? Mais où est-on ? Mais qu'est-ce que tu racontes ? Qui « elle »[2], d'abord ? De qui parles-tu ? Allons, ouste, déguerpis, tu nous déranges. Tu as fait tes devoirs ? Tu te rappelles que tu as ta composition ?

LE FILS

Oui, papa. J'ai presque fini... Il ne me reste plus que la fin de la Restauration.

Bruit de porte.

LUI, *rit*

Tu as vu? Qui elle? Qui elle? dit avec fermeté. Et voilà. Il a réintégré. C'est ce qu'on appelle remettre à sa place. Une place d'où il n'aurait jamais pu bouger, s'il n'avait eu affaire qu'à moi. Enfermé là à triple tour... Mais toi...

ELLE

Bien sûr, on sait bien que c'est toujours ma faute...

LUI

Je ne te le fais pas dire. La preuve... qui a dit : « Qui elle? » C'est toi ou moi? Tu étais là, prostrée...

ELLE

C'est vrai. Veux-tu que je te dise : je t'ai admiré. J'ai admiré ton courage, ta force...

LUI, *se rengorgeant*

Oh n'exagérons rien. Je suis normal, c'est tout...

ELLE

N'empêche qu'à un moment, tu as flanché, tu as eu peur aussi, avoue-le...

LUI

Peur ? Moi ? Tu rêves…

ELLE

Mais tu n'en as eu que plus de mérite, tu sais… Celui qui n'a pas peur… Mais toi, je l'ai vu, tout à l'heure, quand il t'a mis au défi… quand tu t'es mis en colère… il t'a fallu un tel effort.

LUI

Ah ça non. Pas le moindre. Je l'ai dit, je l'ai crié : c'est beau. Beau. Beau. Beau…

ELLE

Oui, tu l'as dit… très fort… Trop fort… Il y avait là une outrance, une crispation… Tu trembles, vieille carcasse… Et malgré ça, malgré le courant, le vent si violent… tu t'es cramponné… Beau. Beau. Beau… de toutes tes forces… Oh c'était terrible… J'avais envie de me boucher les oreilles, de me cacher, loin de toi, j'étais prête à renier… Quand tout à coup… comment as-tu trouvé ? Quelle présence d'esprit… il fallait y penser… à un pareil moment… saisir ça : « Qui elle ? Qui elle ? » Étonnant… Où l'as-tu retrouvé ? C'était emporté si loin… « Qui elle ? »… et d'avoir osé le brandir, le lancer... Non, vraiment, tu es admirable.

LUI

Je reconnais qu'au point où on en était... où il en était arrivé, hein? il fallait le faire... Si tu m'avais écouté... quand il en était encore temps... Tu te rappelles, je te le disais. Tu te souviens?... les mots interdits?... des mots qu'on n'avait pas le droit d'employer... D'ailleurs, je dois dire que moi-même... Dieu, qu'on était bêtes...

ELLE

Oh je ne sais pas... Encore maintenant, il y a de ces mots... Je ne pourrais pas...

LUI

Oui, maintenant... mais rappelle-toi, quand il était encore vagissant, tout trempé, tout ridé... on t'aurait tuée que tu n'aurais pas pu, tu n'aurais jamais osé prononcer...

ELLE

Oui. De dire à n'importe qui, même à lui : « Mon petit[3]. » Ou pire encore : « Mon petit bonhomme. » C'est vrai. Ça me choquait. Il me semblait que c'était comme dire... Comme dire youpin. Comme dire bicot. Comme dire

« les femmes ». Impossible. Pas question. Il fallait absolument une parfaite égalité…

LUI

Une parfaite égalité, tu en as de bonnes ! Égalité… Tu veux rire. Tu devrais parler de supériorité. Il nous était supérieur… Tout en virtualités exquises. En possibilités… il n'y avait que l'embarras du choix. Il était encore intact. Avant la faute. Les fautes…

ELLE, *soupirant*

Oui… Avant que nous ayons tout compromis, tout gâché…

LUI, *ironique*

Nous ? Ah non. Pas nous. Pas moi. Ce n'est pas moi qui l'ai langé comme on lange un paquet. Pas moi qui, en le changeant, ne lui ai pas assez parlé, ne l'ai pas chatouillé, ne l'ai pas embrassé… Pas moi qui lui ai fait attendre sa tétée…

ELLE

Oh ce n'est pas vrai, je me suis toujours précipitée…

LUI, *voix terrible*

Ne niez pas. Combien de fois je l'ai entendu s'égosiller...

ELLE, *angoissée*

Pas pour ça...

LUI, *goguenard*

Tiens... Pas pour ça. Et quand Madame s'arrachait à ses conversations passionnantes... Mais c'était trop tard... la frustration... Et toutes ses conséquences... Vous pouvez encore vous estimer heureuse. Ce n'est encore rien. Nous pouvons dire que nous l'avons échappé belle... On a eu de la chance. Du pot... comme il dirait...

ELLE

Oh oui! C'est vrai. Beaucoup de chance. Rien que de penser à ce qui aurait pu nous arriver...

LUI

Parce qu'il y a eu pire? Des fautes plus graves?...

ELLE

Oh, non…

LUI

Mais si. Dis-le. Il y a longtemps que je sens que tu me caches quelque chose. Avoue. Ça te fera du bien. Et à moi aussi. Je pourrai mieux comprendre ton indulgence… elle m'exaspérera moins…

ELLE, *ferme, prenant sur elle*

Non… Ce n'est rien…

LUI

Allons, fais un effort. Tu verras, tu te sentiras mieux. Ça ne doit pas être si effrayant… Tiens, je vais t'aider… Tu as voulu lui apprendre à être propre ? Tu l'as mis sur le pot… tu as siffloté…

ELLE, *horrifiée*

Oh ça non. Qu'est-ce que tu vas t'imaginer. Tu te rappelles bien…

LUI

C'est vrai, je me rappelle… Alors tu as, peut-être, enlevé de sa bouche… pendant qu'il dormait…

ELLE

Son pouce ? Mais tu es fou. Tu sais bien que jamais.

LUI

Quoi alors, mon chéri. Ne me fais pas souffrir. Dis-le... qu'on porte ça ensemble... dis, qu'est-ce que c'est ?

ELLE, *tout bas*

Eh bien, avant sa naissance...

LUI

Oh... avant sa naissance...

ELLE, *ton fiévreux*

Mais maintenant on sait que ça compte. On me l'a dit. Des gens compétents. Je l'ai lu. C'est démontré scientifiquement. Tout peut remonter jusque-là... toutes les fautes... criminelles...

LUI

Lesquelles ? Qu'est-ce que tu as fait ?

ELLE

Oh c'est trop affreux... quand je le portais...

LUI

À quel moment ? Dans quel mois ?

ELLE

C'était tout au début...

LUI, *soulagé*

Tout au début... il ne faut rien exagérer... C'est sûrement tout de même moins grave...

ELLE

Non, figure-toi. Il y en a même qui disent que ça peut être grave même encore avant...

LUI, *ton ferme*

Ça non. Ça je ne le crois pas.

ELLE

Enfin peu importe. Moi c'est quand il « existait » déjà... à l'état d'embryon... Un jour... j'ai eu...

LUI

Quoi donc ?

ELLE

Je ne me le pardonnerai jamais. Ça m'a prise tout à coup. Une affreuse pensée... Tout à coup. Oh, c'est terrible : je n'en voulais pas.

LUI

Oh, une simple pensée...

ELLE

Pas simple. Pas juste une pensée qui vous traverse rapidement... Et encore cela, comment savoir quels effets... Mais j'ai été *(un temps)*... jusqu'à pleurer...

LUI

Oh !

ELLE

Oui. Des vraies larmes. Qui ont coulé. Tu te rends compte ! La perturbation pour lui. Le choc...

LUI

Quelle horreur ! Toute cette comédie... quand j'y pense... Ces extases dès que tu le sentais remuer... Ces airs béats... Tout était faux !...

ELLE

Oh non, ne dis pas ça. C'était *vrai*. J'étais heureuse, heureuse, heureuse, heureuse ! Il y a eu juste, tout à coup, je ne sais pas comment... cet affreux moment... Chaque fois que j'y repense...

LUI, *froid*

De toute manière, à quoi bon? Il vaut mieux l'oublier. Ce qui est fait est fait. Maintenant tu ne le changeras pas. Il est là, tel qu'il est. Fermé. À triple tour[4]. Obtus. *(De plus en plus rageur :)* Borné. « Pratique. » Ah ce n'est pas un « rêveur ». Pas un « esthète » : aucun danger… les comics… les policiers… les juke-boxes… les matchs… Joli produit. Bravo. On en arrive quand il est là à ne pas pouvoir dire « C'est beau »… On n'ose pas écouter un disque… On a peur… Et il faut supporter ça… Veux-tu que je te dise? Il n'y a qu'un seul moyen…

ELLE

Non. Pas ça. Ça ne servirait à rien. Tu sais bien qu'on n'y arriverait pas… C'est toi qui courrais le rappeler… Et ça recommencerait comme avant.

LUI

Jamais, tu m'entends. Jamais. Qu'il aille au bout du monde. Qu'on le mette en prison… dans une maison de redressement. Qu'il disparaisse… À tous les diables.

Un temps.

ELLE

Oh tout de même... quand on y pense... C'est un peu fort... D'entendre ça : Qu'il disparaisse !... Eh oui !... Voilà... Vous me croirez si vous voulez... Nous en sommes là.

LUI

Qu'est-ce que tu dis ? À qui parles-tu ?

ELLE

Tais-toi... Oui : « Qu'il disparaisse. À tous les diables... » *(D'une voix qui n'est pas la sienne*[5] *:)* Mais pourquoi ? Qu'est-ce qu'il a fait ? Est-ce que c'est un assassin ? *(Sa voix :)* Oh non... Il ne ferait pas de mal à une mouche. *(Voix étrangère :)* C'est un voleur ? *(Sa voix :)* Oh non... L'honnêteté même... *(Voix étrangère :)* Un menteur ? *(Sa voix :)* Non. *(Voix étrangère :)* Un pervers ? *(Sa voix :)* Non, non. *(Voix étrangère :)* Un feignant ?...

LUI

Qu'est-ce que tu as dit ? J'ai entendu « feignant ». Tu n'as pas dit ça ?

ELLE, *avec défi*

Si. Je l'ai dit. « Feignant. » Et pourquoi pas ?

LUI

Oh, mon pauvre chéri... Faut-il que tu souffres... Voilà à quoi tu en es arrivée... Voilà à quoi ce petit vaurien t'a poussée... À aller te commettre... t'encanailler... À te dégrader... te galvauder...

ELLE

Silence. Un peu de modestie, je vous prie. Un peu d'humilité. Quand on vient ici consulter, on doit laisser ses prétentions à la porte... J'ai dit «feignant». Vous voyez, messieurs dames, tout est là. Il ne supporte pas des mots comme ça. «Feignant» est interdit...

VOIX[6]

Feignant ? Interdit ?

ELLE

Oui... Vous entendez ? Fai-né-ant. Ça, c'est admis. C'est noble. Aéré. Hautain. Fai-né-ant. Comme c'est beau. Feignant est laid. Fai-né-ant est beau. Beau. Beau. Tout est là. Tout... Vous ne savez pas jusqu'où ça peut aller... Son mépris, sa tyrannie. Et quand le pauvre petit ne peut plus le supporter... quand il se détourne... lui, son propre père, va jusqu'à souhaiter... Oh, aidez-moi...

VOIX

Ah, si ce n'est pas malheureux de voir ça. Oui, si ce n'est pas malheureux... Vouloir chasser ce pauvre enfant... en arriver là. Ah, on pourrait comprendre ça si c'était un dévoyé...

ELLE

Mais non, ce n'est pas le cas.

VOIX

On pourrait comprendre ça si c'était un bandit. Un assassin.

ELLE

Non.

VOIX

Une supposition que ce serait un drogué...

ELLE

Mais non.

VOIX

On comprendrait encore s'il avait le malheur... On comprendrait si c'était un fils ingrat...

ELLE

Mais non.

VOIX

Une supposition que vous seriez vieux...

ELLE

Mais non.

VOIX

Une supposition que vous seriez sans ressources et qu'il vous refuserait les aliments... comme on en voit tant, de nos jours...

LUI

Ça va continuer longtemps ? Assez... Je n'en peux plus. Arrêtez...

ELLE, *tout bas*

Attention, qu'est-ce que tu fais ? Tais-toi. Il ne faut surtout pas interrompre. Il faut que ça se déroule. Patience. Tu verras...

LUI

Je ne peux pas, c'est au-dessus de mes forces. Ça me donne le tournis, ça me fait mal au cœur...

ELLE, *bas*

Mais tais-toi donc. *(Haut :)* Continuez, ne faites pas attention… vous voyez, il est si délicat… Très exigeant. Toujours si impatient.

VOIX

Ah si ce n'est pas malheureux de voir ça. Une supposition, ce serait un malhonnête…

ELLE

Non.

VOIX

Une supposition, ce serait un dévergondé.

ELLE

Non, non.

VOIX

Une supposition, ce serait un feignant…

LUI

Oh…

ELLE

Non. Ce n'est pas un feignant. Il travaille…

VOIX

Si ce n'est pas malheureux. Pas dévergondé. Pas voleur. Pas menteur. Pas malhonnête. Pas drogué. Pas feignant. Ah il y en a à votre place qui seraient contents. Il y en a qui seraient fiers. Il y en a qui seraient rudement heureux. Il y en a qui n'en espéraient pas tant… Pensez donc, par les temps qui courent… avec la jeunesse qu'on voit en ce moment… avec tous ces propres-à-rien…

LUI

Oh… assez. Assez. Je me soumets. Je renonce…

ELLE

Tu es impossible. Attends. Il ne faut surtout rien hâter… Tu vas voir… Ça vient…

VOIX

Dire qu'il y en a qui ont cette chance… Un garçon poli… Un garçon sérieux… Un garçon travailleur…

ELLE

Oh oui, il est même avancé pour son âge.

VOIX

Si c'est pas honteux... Faut-il être gâtés... Faut-il être pourris...

ELLE, *extatique*

Oh oui, n'est-ce pas ?

VOIX

Travailleur...

ELLE

Pour ça oui...

VOIX

Voyez-vous ça... Quand je pense à tous ceux qui donneraient n'importe quoi...

ELLE

Oui. De ce côté-là... hein ? Tu reconnais.

LUI

Oui, pour le travail scolaire... c'est vrai.

VOIX

Le travail scolaire !... On dirait que ça ne compte pas...

LUI

Si, bien sûr, ça compte...

VOIX

Alors, qu'est-ce qu'il y a ?

LUI, *hésitant*

Il y a...

VOIX

Quoi ?

LUI, *radouci, amolli*

Non, il n'y a rien... rien... C'est vrai. Il n'y a pas de quoi parler. Pas de quoi se mettre martel en tête. Pas de quoi chercher midi à quatorze heures. Pas de quoi fouetter un chat[7]... C'est nous... nous... nous sommes gâtés... Pourris... Nous sommes fous.

ELLE

Ah tu vois, mon chéri.

VOIX

Faites attention que le Ciel ne vous punisse pas. S'il arrivait, qu'à Dieu ne plaise, touchons du bois... quand vous y repenseriez...

ELLE *et* LUI

Oh oui, qu'à Dieu ne plaise…

VOIX

Ah vous voyez… Vous tentez le sort…

ELLE *et* LUI

Oh non.

VOIX

Vous ne connaissez pas votre bonheur…

ELLE

Mais si…

VOIX

Bien sûr… à qui le dites-vous ? On est tout fiers, dans le fond, n'est-ce pas ? On ne l'échangerait pour personne… Hein ? Avouez-le. Un beau garçon comme ça.

ELLE *et* LUI

C'est vrai.

VOIX

Grand. Bien proportionné. Costaud.

LUI

Ah, pour ça... Moi auprès de lui, je me sens un gringalet.

VOIX

Et déjà porté, hein ? je parierais... ça n'a rien d'étonnant... Toutes les filles...

LUI

Ah ça, il y en a déjà... Elles tournent autour... L'autre jour le téléphone sonne... je décroche et j'entends...

ELLE

Mais il ne commettrait jamais une mauvaise action. Quand son père lui en a parlé, l'a mis en garde... Il l'a arrêté. Il est très pudique, vous savez. Il lui a dit de son air grave : Oui. Je suis d'accord. Je sais, papa.

LUI

Moi à cet âge-là, j'étais idiot... Un peu arriéré... Toujours dans les livres... Dans les musées... Mais lui... ah oui, pour ça oui, lui, ces choses-là, ça l'ennuie... il n'aime pas ça... lui, c'est les bandes dessinées... la télé...

VOIX

Ah que voulez-vous, il est de son temps… c'est normal, il est comme tout le monde…

LUI, *inquiet*

Tout le monde ?

ELLE

Ah tu ne vas pas recommencer ? Ça ne va pas te reprendre ?… *(Fort :)* Oui. Il est comme tout le monde. Tout le monde aujourd'hui à son âge est comme lui. Ne fais pas cette tête, je t'en prie… Ne te rebiffe pas. Allons, répète après moi : « Tout le monde… » Exerce-toi… Tu verras, ça ira mieux… Répète : « Tout le monde le fait. Tout le monde le dit… Tous les jeunes sont ainsi… Nous sommes comme tout le monde…[8] »

LUI, *voix molle*

Tout le monde le fait… Tous les jeunes…

ELLE

Tous les jeunes préfèrent les comics.

LUI

Tous… les jeunes préfèrent…

ELLE, *sévère*

Allons !... Les comics.

LUI

Les comics.

ELLE

Les juke-boxes. Les flippers.

LUI

Les juke... Oh, pourtant il y en a... même chez les jeunes...

VOIX

Ah, mon pauvre monsieur, vous parlez des exceptions... Elles confirment...

ELLE

Mais bien sûr, voyons. Il n'y a qu'à voir... même des sujets brillants, des centraux, des polytechniciens, même les normaliens... Le fils des Aubry, et ceux des Jamet... Et pourtant... Eh bien, c'est comme je vous le dis... Astérix. Pim Pam Poum. Lucky Luke. Les pieds nickelés. Leur père... il aurait le droit d'être exigeant... eh bien, il riait gentiment... Il trouvait ça très bien...

Un temps.

LUI, *ton ferme*

C'est fini. Terminé. Pouce. Je ne veux plus jouer[9].

ELLE

Qu'est-ce que tu as ?

LUI

J'ai que tu as commis une erreur. Une erreur fatale.

ELLE

Quelle erreur ? Encore avec lui ? Encore les langes ? les biberons ?

LUI

Non. Une erreur, là, maintenant, avec moi. Oui. Tu as changé de jeu. En douce. Mais moi j'ai vu. Tu avais besoin du père Jamet. Et des fils Aubry. Eh bien, moi je te demande maintenant de me donner la mère Duranton... le père Duranton... Parfaitement, le père et la mère...

ELLE

Quoi ?

LUI

Oui. Donne-les-moi. Allons, donne. Et maintenant la fille et le fils. Oui, Duranton. Toute la famille.

ELLE

Qu'est-ce que tu en feras ?

LUI

Tu vas voir. Il me les faut. Et aussi les Herbart. Tous : père, mère, fils, petit-fils. Donne. Et les Charrat. Toute la famille. Je pourrais t'en demander d'autres... mais pour le moment je me contenterai de ceux-là.

ELLE

Je ne comprends rien...

LUI

Attends, tu vas comprendre. Laisse-toi faire maintenant... Répète après moi. Dis : « C'est beau. »

ELLE

Oh, pour quoi faire ?

LUI

Répète, je te dis. Moi tout à l'heure j'ai eu beaucoup de patience. Répète après moi : « C'est beau. »

ELLE, *voix lasse*

C'est beau.

LUI

Répète : « C'est beau » sont des mots que nous n'osons pas prononcer en présence de notre enfant. Et maintenant tu vas voir. Rassemble ton courage.

ELLE

« C'est beau » sont des mots que nous n'osons pas prononcer en présence de notre propre enfant. Et maintenant tu vas voir…

LUI

Non, pas ça… « Et maintenant tu vas voir », c'était adressé à toi.

ELLE

Et à qui tout le reste ?

LUI

Justement aux Duranton. Aux Herbart. Aux Charrat...

ELLE

Oh écoute, de quoi on a l'air ? Ils vont nous croire complètement fous.

LUI, *nostalgique*

Ah fous... *(Soupirant :)* Fous à lier. Si seulement tu pouvais avoir raison. Si seulement c'était possible... Moi je ne désire que ça. Malheureusement il y a peu de chance... Allons, courage. Répétons. Mais juste une seconde, que je rassemble mes forces... Là, ça y est. Allons-y.

ELLE *et* LUI

« C'est beau » sont des mots que nous n'osons pas prononcer en présence de notre propre enfant...

LUI

Vous comprenez ? Les mots « c'est beau » ne sortent pas. *(À part :)* Oh, mon Dieu, épargnez-moi, le cœur me manque... *(S'affermissant :)* Oui, voyez-vous... « C'est beau », dit devant lui, nous fait trembler, nous donne chaud... Oh, voilà, je l'ai dit... Maintenant, dans une seconde, les Duranton, les Charrat...

ELLE

Les Duranton et les Charrat qui sont des gens parfaitement sains, normaux, pour qui vont-ils nous prendre ? ils n'ont jamais entendu, jamais vu, n'est-ce pas, une pareille folie ?...

LUI

Non, mon chéri. Tu sais bien que non. Il ne faut pas se faire d'illusions... Prends ton courage à deux mains. Le choc sera dur. Pire que tout ce que j'imaginais. Tout ce que je pouvais craindre...

ELLE

Oh, quoi ? Tu me fais mourir...

LUI

C'est atroce. Au quart de tour. Au quart de poil. Aussitôt. Sans une hésitation. Comme si c'était la chose la plus naturelle, la plus banale, ils ont compris... Pas le moindre étonnement. L'air apitoyé *(imitant une voix :)* « Ah comme c'est triste... C'est vraiment une grande malchance... Les gens devant qui on n'ose pas dire "c'est beau"... »

VOIX DE MME DURANTON

Moi je les fuis comme la peste... Mais alors, quand il s'agit de votre propre enfant...

VOIX DE M. DURANTON

C'est un malheur...

LUI, *voix blanche*

Oui, vous croyez ?

VOIX DES DURANTON ET DES AUTRES

Comment, si on le croit ?

LUI

Mais pourquoi, au fond, pourquoi ? Je n'ai jamais bien compris... Je me dis que je suis fou. Expliquez-moi...

VOIX

Vous expliquer ? Pour quoi faire ? Pourquoi vous retourner le fer dans la plaie ?

LUI

Si, je vous en prie, retournez. Je veux savoir. Ce n'est peut-être pas pour les mêmes raisons, vous et moi... Nous ne pensons peut-être pas aux mêmes choses...

VOIX

Mais si, hélas, mon pauvre ami, à quoi d'autre voulez-vous que nous pensions ? Faut-il vous le dire ?

LUI

Oh oui. Dites-le...

VOIX DIVERSES

Il faut vraiment que vous soyez très bas... On a chaud, on a peur parce qu'on sent une fermeture insultante... un ignoble mépris... une menace sournoise... que ces gens-là font peser sur tout ce qui compte, ils avilissent, ils aplatissent tout... tout ce qui donne du prix à la vie... *(S'excitant :)* On a honte devant eux de profaner... on a envie de soustraire à leur contact... de mettre à l'abri... il ne faut surtout pas les provoquer... qu'ils n'approchent pas... enfin, rien que d'y penser... quelle horreur... pourquoi parler de ça ? Personne n'en parle, par pudeur... par simple décence... Mais qui ne le sent pas ?

ELLE

Qui ? Eh bien, la plupart des gens. Des gens sains. Normaux. Forts. Qui ont la tête solide. Le cœur bien placé. Dieu merci, il y en a. Des

adultes. Aguerris. À qui la vie a fait affronter…
à qui elle a appris autre chose que ces raffinements de gâtés, de dévergondés, de pourris…
Une menace ? Une malchance… un malheur… de l'avoir eu… d'avoir un fils comme
lui… mais c'est à ne pas croire… *(Imitant :)*
Est-ce un assassin ? Bien sûr que non. *(Imitant :)* Un voleur ? Un menteur ? Non. *(Imitant :)*
Un pervers ? Non. *(Imitant :)* Un feignant ?…
(Pleure.)

VOIX DES DURANTON

Ah mes pauvres amis, vous en êtes venus là…
À demander de l'aide… à aller consulter des
guérisseurs, des rebouteux… à poser des questions à la tante Mélanie. Qui pourrait vous
jeter la pierre ?… Dans les cas désespérés, que
ne fait-on pas ? Nous-mêmes si, par malheur,
une chose pareille nous était arrivée avec
Jacques, avec Pierre… Eux, Dieu merci, jusqu'à présent toujours fourrés… dès qu'ils ont
un moment libre…

LUI, *avide*

Oui, n'est-ce pas ? Dans les livres ? Dans les
musées ? À toutes les expositions ? Les bons
disques. Les livres d'art. Oui, comme moi autrefois… Mais vous savez, par moments, je me
demande… je ne voudrais pas vous vexer…

VOIX

Quoi donc ? Qu'est-ce que vous vous demandez ?

LUI

Eh bien, s'il n'y avait pas là, peut-être, un certain manque de quelque chose... oui... d'une certaine vitalité... Notre fils, lui, vous savez, c'est un gaillard. Éclatant de santé, de force juvénile. Pas un petit vieux comme j'étais déjà à cet âge-là. Lui, c'est une tête solide. Un costaud. Déjà porté... hé oui... *(petit rire)* traînant tous les cœurs... Nous, bien sûr, on ne se mêle jamais... D'ailleurs, il a déjà une maturité... Étonnante pour son âge...

ELLE

L'esprit très libre. Il ne s'en laisse jamais accroire... Pas d'arguments d'autorité avec lui[10]. Il passe tout au crible.

VOIX

Eh bien, alors, de quoi vous plaignez-vous ? Qu'est-ce qui vous fait souffrir ? Tout est pour le mieux. Soyez contents. Soyez fiers. À chacun son bonheur.

LUI, *digne*

Oui. Vous avez raison. Nous avons eu tort.

ELLE

Pardonnez-nous. Oui. À chacun sa chance.

Silence.

LUI

Tu as entendu ce ton apitoyé… Comme s'ils parlaient à des faibles d'esprit…

ELLE

Oui. Mais reconnais que nous ne l'avons pas volé. Tu te rends compte ! Et tu me reprochais de me galvauder ! Tu peux dire que tu as été les chercher… *(Les imitant :)* Ah, comme vous êtes à plaindre… un contact si avilissant… on a envie de tout cacher… tout ce qui compte… la simple pudeur empêche, fi donc, de parler de ces choses-là… Quelle horreur si à nous… s'il nous était arrivé pareil malheur… si notre Jacques… si notre Pierre… Mais devant eux *(changeant peu à peu de ton)*, il n'y a pas de danger, devant eux on peut dire « c'est beau ». On peut se pâmer. S'agenouiller… Tous ensemble. En famille. Baisser la tête au même moment… Pas de danger qu'ils la relèvent... Non. En effet. Pas de danger. Pas comme chez nous...

Elle frappe à la porte.

Viens, mon chéri, viens donc ici, près de nous...

Qu'est-ce que tu faisais ? Je te dérange ? Mais viens, je t'en prie, juste pour un instant...

LE FILS

Oui maman. Qu'est-ce qu'il y a ?

ELLE

Eh bien, mon chéri, je voulais juste te demander...

LE FILS, *un peu excédé*

Oui, j'ai fini. Il ne me reste plus qu'un résumé...

ELLE

Mais non, ce n'est pas de ça que je voulais te parler...

LE FILS

Ah bon... De quoi alors ?

ELLE

Ne prends pas cet air...

LE FILS

Quel air ?

ELLE

Ne fais pas cette tête de bébé.

LUI

Ah tu en as de bonnes ! Qu'est-ce que tu crois ? Tu crois que tu possèdes une baguette magique pour transformer le cygne en prince charmant, le crapaud en belle princesse[11] ? Tu sais bien que je l'ai ensorcelé.

ELLE, *au fils*

Tu comprends ce que dit ton père ?

LE FILS

Non maman.

ELLE, *suppliante*

Mais si, tu comprends... Tu fais la bête...

LE FILS

Ah là, non alors... Vraiment...

LUI

Tu penses bien que maintenant, tu peux toujours essayer... Je te l'ai dit tout à l'heure, je l'ai forcé à réintégrer... Je l'ai enfermé. «Qui elle?» Tu trouvais ça si bien. Tu admirais ma présence d'esprit, mon courage... Maintenant tu voudrais qu'il sorte. Il faut savoir ce que tu veux. Qu'il recommence?...

LE FILS, *l'air naïf*

Que je recommence quoi?

ELLE

Mais mon chéri, tu sais bien... je voudrais que tu redeviennes comme tout à l'heure... quand tu comprenais tout mieux que nous, quand tu sentais tout si bien... c'est nous qui étions comme des enfants... quand tu as dit toi-même, tu te rappelles bien, que nous n'osions pas prononcer... dire: «c'est beau»... juste parce que toi... parce que tu étais là... Tu es si sensible, si fin... Toutes ces choses-là, pour toi aussi, quand tu veux bien... on ne peut rien te cacher, à toi, on ne peut pas t'étonner... tu possèdes une lucidité, une liberté d'esprit... J'en souhaite autant à ceux...

LE FILS

Mais ça vous a fait si peur. Mais papa était furieux...

ELLE

C'était ridicule. Je suis sûre que maintenant il s'en rend compte... Il aurait dû te laisser t'expliquer, te laisser t'affirmer... Et lui : « Qui elle ? », mais ce n'était pas pour t'écraser, tu sais... je le connais... c'était plus fort que lui : un simple réflexe... « Qui elle ? »... par habitude. Par conformisme. Tellement vieux jeu. « Qui elle ? » je vous demande un peu. De pareilles vétilles... Aller chercher ça... quand on était là, tous les trois, dans un de ces rares moments où enfin... c'est merveilleux... tout à coup... c'est comme une éclaircie... On allait toucher enfin à quelque chose... entre nous...

LUI

Oh, écoute, arrête. Tu trouves que tu n'as pas eu ton compte ? Tu en redemandes... Tu n'auras à t'en prendre qu'à toi... Je te préviens. Ne t'attends pas à ce que je vienne t'aider...

ELLE, *exaltée*

Non, non, je n'y compte pas... Je n'en aurai pas besoin... *(Au fils :)* Écoute, mon chéri, je t'en supplie, dis-moi... ne refuse pas... dis-moi... juste pourquoi... Pourquoi, penses-tu, dis-le-moi, parce que tu es là... même derrière un mur... comme tu le disais si bien... on ne peut pas...

LE FILS, *léger, très à l'aise*

Ah ça, c'est vrai, tu vois, même maintenant, au milieu de ces épanchements, tu t'arrêtes, tu n'oses pas...

ELLE, *prenant sur elle*

Si, j'ose, tu vois : « C'est beau. » Et même je te montre. Je l'étale... tiens, tu vois, devant toi. Et je dis — tu entends ? — C'est beau... Et je te demande, à toi : Tu ne trouves pas ?

Silence.

Mais dis quelque chose !

LE FILS

Eh bien, il n'y a rien à faire... c'est plus fort que moi, je me rétracte. Dans un instant *(voix terrible pour rire)* je vais, comme la pieuvre, sécréter... une encre noire va se répandre... Regarde papa, il est déjà tout recroquevillé...

ELLE *et* LUI, *voix blanches*

Tu ne trouves pas ça beau ? Tu détestes ça... tout ça...

LE FILS, *condescendant*

Mais non, voyons... il ne s'agit pas de ça...

EUX, *avec espoir*

Pas de ça... Oh mon chéri... de quoi alors ?

LE FILS

C'est... mais ça me gêne de vous le dire... je vais vous choquer...

ELLE

Non, non, je t'en prie, dis-le...

LE FILS, *hésitant*

Eh bien, c'est cette expression «C'est beau»... ça me démolit tout... il suffit qu'on plaque ça sur n'importe quoi et aussitôt... tout prend un air...

ELLE

Oui... je crois que je vois...

LE FILS

Oui, tu vois...

ELLE

Je comprends... ça devient convenu... n'est-ce pas ?

LE FILS

Oui, si tu veux... Ces sortes de banalités dès qu'on les applique...

EUX, *pleins d'espoir*

Oui. On ne devrait pas, tu as raison. C'est une facilité. Un conformisme...

LE FILS

Oui, c'est ça... j'ai horreur...

ELLE, *soulevée*

Oui, toi, tu respectes trop ces choses-là...

LE FILS, *agacé*

Ah voilà. Maintenant c'est le respect. Toujours ces mots.

ELLE, *humble*

Excuse-moi... Je voulais que la chose elle-même... sur quoi on plaque... que tu ne veux pas voir aplatir, n'est-ce pas ? banaliser... mais la chose elle-même, elle... tu... tu... enfin...

LE FILS

Mais oui maman, bien sûr...

ELLE, *au père*

Ah, tu vois comme nous nous sommes trompés. Comme nous connaissions mal notre propre enfant... C'est vrai, c'est ceux qu'on connaît le moins bien... Il ne déteste pas du tout... il aime, tu vois... Enfin « aime » est peut-être un mot qui ne convient pas... pardonne-moi... nous sommes si maladroits... enfin... je veux dire que ça, ce que ton père me montrait tout à l'heure, cette gravure... toi aussi, si tu voulais bien la regarder sans qu'on dise rien, toi aussi...

LE FILS, *rassurant*

Mais oui, moi aussi, bien sûr...

LUI

Toi aussi ? Hein ? Tu trouves ? Tu ne trouves pas que c'est...

ELLE, *affolée*

Ah non, arrête, attention... ne recommence pas... pas ces mots... si convenus... sclérosants... emphatiques... tu vois, mon chéri, je crois que je comprends...

LUI

Bon, bon, d'accord... puisqu'il est si raffiné... *(Ravi.)* Si délicat... Mais enfin, c'est, hein?... tu ne trouves pas?... *(Siffle.)*

LE FILS

Oui. C'est assez chouette, je te l'accorde.

LUI, *ravi*

Chouette. Chouette. Chouette. J'aurais dû y penser. Chouette. Maintenant je le saurai. Il peut suffire d'un mot!...

ELLE, *fébrile*

Oui, pour que tout change... pour qu'on s'entende... pour qu'on puisse... oui, n'est-ce pas?

LUI

Fais attention. Tu t'emballes toujours...

ELLE

Mais, non, je ne m'emballe pas... *(Comme explosant et déversant :)* Écoute, mon chéri, je l'ai toujours su, je l'ai toujours senti, on se ressemble tellement... ce n'était pas possible... maintenant, n'est-ce pas? je peux te dire, partager... tu te souviens? comme autrefois...

quand tu étais petit... quand toi-même tu venais me montrer... Maintenant nous irons... non? ça ne te dirait rien? Tu aimes mieux y aller tout seul...

LE FILS

Aller où?

ELLE

Eh bien, tu sais, j'en avais parlé l'autre jour... quelque chose de... non, ne t'inquiète pas, je fais attention... quelque chose à ne pas manquer, tu me permets de dire ça... un choc pour moi... un événement... cette exposition... Mais tu l'as peut-être vue?... Non, bon, ce n'est pas ça, qu'est-ce que c'est que ces contrôles?... bon, passons... mais je voudrais te montrer... regarde... non, pas ça... pas de reproductions... *(enjôleuse)* tu vas voir, ne t'impatiente pas... ou plutôt tu vas entendre...

Quelques mesures de Boucourechliev[12].

Non...

LUI, *tout bas*

Tu es folle...

ELLE

Oui, ce n'est pas ça... attends...

Quelques mesures de Webern[13].

Non, pas ça non plus... Mais je sais quoi... je crois que cette fois...

Du Mozart[14], *plus longuement.*

LUI

Oh assez. *(Il arrête le disque.)*

ELLE, *éplorée*

Mais pourquoi fais-tu ça? On écoutait si bien... Ça entrait... emplissait... c'était...

LUI

Rien. Ça m'assomme.

ELLE

Ça t'assomme?

LUI

Oui. Je trouve ça assommant...

ELLE

Toi? Tu ne trouves pas que c'est...

LUI

Que c'est quoi?

ELLE

Que c'est... oui, assez chouette...

Silence.

Mais qu'est-ce qui se passe ?

LUI

Il se passe que ça m'ennuie... Il se passe que je ne veux pas... pas maintenant.

ELLE, *pleure*

Oh...

LUI

Pas tant qu'il est là... ça n'entre pas... je n'entends plus, je ne sens rien... tout se recouvre... une encre noire... Vite, au secours... mais aide-moi...

LE FILS, *très calme et un peu condescendant*

Voilà. Voilà. On y va. Un peu de calme. Ce n'est pas tout ça, mais tout à l'heure, M. Bertrand a appelé[15]. C'est moi qui ai répondu... il va rappeler...

LUI, *soulagé*

À quelle heure ?

LE FILS

J'ai dit que tu serais là à partir de huit heures...

LUI

Oh, pourquoi huit heures ?... Quand j'avais dit que je serais là au plus tard...

LE FILS

Excuse-moi, tu ne l'as pas dit à moi...

ELLE

Non. C'est à moi que tu l'as dit.

LUI

Non, à lui.

ELLE

Non, à moi.

LE FILS

Tu vois bien.

LUI

Pour te défendre, ta mère dirait n'importe quoi...

LE FILS

Non. Tu sais bien qu'elle ne ment jamais.

LUI

Tu me donnes des leçons à présent! Et puis de qui parles-tu? Qui « elle »[16]?

DOSSIER

CHRONOLOGIE

1900. Le 18 juillet, naissance de Natacha Tcherniak, à Ivanovo-Voznessensk, près de Moscou. Son père, Ilya Tcherniak, dirige une fabrique de colorants (il est l'inventeur d'un produit qui empêche que les couleurs ne déteignent à la lumière) ; sa mère, Pauline Chatounowski, écrit et fréquente quelques milieux littéraires russes.
1902. Divorce du couple Tcherniak. Pauline quitte Ivanovo, emmenant Nathalie avec elle, pour rejoindre à Paris Nicolas Boretzki, avec qui elle se remariera.
1902-1906. Conformément à ce qui a été convenu entre ses parents, Nathalie retourne chez son père deux mois par an, soit à Ivanovo, soit en Suisse où il passe parfois ses vacances d'été.
1906. La mère et le beau-père de Nathalie retournent en Russie, à Saint-Pétersbourg, et l'emmènent avec eux. Elle est instruite à la maison en français et en russe, langue qu'elle continuera à lire et à parler toute sa vie. Sa mère gagne sa vie en écrivant (sous le pseudonyme masculin de N. Vikhrovski) des romans, des nouvelles, des contes pour enfants. Elle est appréciée par

l'écrivain Korolenko qui la publie dans sa revue *Rousskoie Bogatstvo*.

1907. Son père quitte Ivanovo pour aller à Paris et en Suède empêcher l'extradition de son jeune frère, demandée par la police tsariste (l'« Okhrana »). Jacob Tcherniak, qui appartenait à un groupe révolutionnaire, est accusé d'avoir pris part à un attentat contre un fourgon postal (le 14 octobre 1906). Ilya mène la campagne pour sauver son frère, fort de l'aide des socialistes européens (dont Jaurès) et d'Anatole France, Pierre Quillard, Étienne Avenard, etc. Il est finalement reçu par le roi de Suède et obtient la libération de Jacob, qui est embarqué à Göteborg sur un bateau pour Anvers. Mais à l'arrivée, son frère est découvert asphyxié dans sa cabine, par des gaz délétères qui ont tué également quatre autres passagers. Des funérailles solennelles sont organisées par les mouvements socialistes européens. À la suite de ces événements, le Dr Tcherniak, qui ne peut rentrer en Russie, s'établit définitivement à Paris. Il fonde à Vanves, sur une plus petite échelle, une fabrique de matières colorantes semblable à celle d'Ivanovo. Nathalie retrouve désormais son père deux mois chaque année à Paris.

1909. Sa mère la confie à son père, remarié avec Véra Cheremetievski, qui, le 13 août de la même année, met au monde une fille, Hélène (Lili). Nathalie ne retournera en Russie qu'en 1935, puis épisodiquement à partir de 1956.

1910. La mère de Véra vient passer plus d'un an à Paris. Elle exercera une grande influence sur Nathalie. Elle parle plusieurs langues dont le français, sans aucun accent. Elle enseigne le piano à Nathalie qu'elle traite avec tendresse comme sa vraie petite-fille, et qu'elle enchante en lui lisant les classiques français et russes (Molière, Corneille, Pouchkine, Gogol, etc.). Son départ sera vécu par l'enfant comme un deuil dont elle mettra longtemps à se remettre. Elle ne devait plus jamais la revoir.

1911. En août, Pauline Boretzki vient à Paris pour passer les vacances avec sa fille. Elle repart en Russie trois jours après son arrivée (voir *Enfance*).

1912. Certificat d'études, puis entrée au lycée Fénelon.

1914. La mère de Nathalie vient passer l'été avec elle à Saint-Georges-de-Didonne, près de Royan. Ilya et Véra Tcherniak séjournent également dans la station balnéaire. Le 1er août, la mobilisation générale ne touche pas Ilya Tcherniak, encore citoyen russe. Le 3 août, la France déclare la guerre à l'Allemagne. Pauline Boretzki part en toute hâte rejoindre son mari à Saint-Pétersbourg (voir *Enfance*).

1915. Lecture, en russe, de *Crime et châtiment*. Dostoïevski restera un des auteurs de prédilection de Nathalie.

1917. Naissance de Jacques Tcherniak (prénommé ainsi en souvenir de son oncle Jacob). Demi-frère de Nathalie, il essaiera sans résultat de poursuivre des études de chimie afin de succéder à son père (il mourra en 1976).

1918. Nathalie obtient son baccalauréat à Montpellier, où son père, craignant pour elle les tirs de la «Grosse Bertha», l'a envoyée. Elle s'inscrit ensuite à la Faculté des Lettres de Paris.

1919. Premier séjour en Angleterre, à Harrow-on-the-Hill.

1920.	Licence d'anglais à la Sorbonne.
1920-1921.	Études à Oxford, en vue d'un B. A. d'histoire.
1921-1922.	Études d'histoire et de sociologie à Berlin. Lecture de *Tonio Kröger* de Thomas Mann qui fait sur Nathalie une vive et durable impression.
1922.	Retour à Paris où elle s'inscrit à la Faculté de Droit.
1923.	Durant l'été, Nathalie fait l'ascension du mont Blanc, à une époque où ce type d'excursion n'est pas encore banalisé. À Chamonix, elle découvre Proust en lisant *À l'ombre des jeunes filles en fleurs*. À la rentrée, à la Faculté de Droit, elle se lie avec Raymond Sarraute (né en 1902). Très tôt, ce dernier initie Nathalie à la connaissance de la peinture, tout en partageant ses goûts littéraires. Par la suite, il la soutiendra constamment dans son travail d'écrivain. La même année, tous deux s'enthousiasment pour les *Six personnages en quête d'auteur* que créent les Pitoëff au Studio des Champs-Élysées.
1924.	Escalade de la barre des Écrins, dans les Alpes, avec une amie.
1925.	Nathalie épouse Raymond Sarraute, après avoir passé en même temps que lui la licence de droit. Le couple aura trois filles : Claude (en 1927), Anne (en 1930), et Dominique (en 1933). Nathalie Sarraute travaille dans une étude d'avoué tout en étant inscrite au barreau.
1926.	Lecture de *Ulysses* de Joyce et de *Mrs. Dalloway* de Virginia Woolf. Nathalie Sarraute dira de cette expérience, comme de la découverte de Proust en 1923 : « Il me semblait qu'à partir de ce moment une voie nouvelle s'était ouverte

pour la littérature ; on ne pouvait plus écrire comme on avait écrit auparavant. »

1927. Mort de son beau-père, Nicolas Boretzki.

1932-1937. Nathalie Sarraute, qui travaille de moins en moins au barreau, écrit *Tropismes*.

1939. En février, publication chez Denoël du recueil *Tropismes*, jusque-là refusé partout (notamment par Gallimard et Grasset). Seules réactions : des lettres de Jean-Paul Sartre, Max Jacob, Charles Mauron, et un article de Victor Moremans dans *La Gazette de Liège*.

1939-1944. Pendant la guerre, pour échapper aux dénonciations et aux persécutions contre les juifs, Nathalie Sarraute se réfugie à Parmain, dans le Val-d'Oise. Tout en se faisant passer pour l'institutrice de ses filles, elle continue d'écrire.

1946. Lecture de Faulkner et de Kafka. Si *Le Bruit et la Fureur* enthousiasme Nathalie Sarraute, *La Métamorphose* la déçoit beaucoup. Ce n'est que plusieurs mois plus tard, avec la lecture du *Procès* (commencé une première fois puis aussitôt abandonné en 1935), que Nathalie découvre vraiment l'écriture kafkaïenne. La même année débute la rédaction de *Martereau*.

1947. *Portrait d'un inconnu*, préfacé par Sartre, est refusé par Jean Paulhan chez Gallimard, puis par Nagel. Nathalie Sarraute est gravement malade (tuberculose pulmonaire).

1948. *Portrait d'un inconnu* paraît chez Robert Marin avec une préface de Jean-Paul Sartre. Mais l'éditeur, après en avoir vendu 400 exemplaires, décide de vendre le reste au prix du papier.

1949. Nathalie et Raymond Sarraute achètent une maison à Chérence, près de Mantes-la-Jolie.

Une partie importante de l'œuvre de l'écrivain y sera rédigée. La même année meurt Ilya Tcherniak, père de Nathalie Sarraute.

1953. Parution de *Martereau* aux Éditions Gallimard auxquelles la romancière-dramaturge restera désormais fidèle.

1956. Parution de *L'Ère du soupçon*, qui rassemble plusieurs essais de Nathalie Sarraute. Le recueil force les critiques à s'intéresser de plus près à une œuvre qu'ils avaient jusqu'ici souvent négligée. La même année meurt la mère de l'écrivain.

1957. Réédition de *Tropismes* (avec un texte supprimé et six textes ajoutés) aux Éditions de Minuit en même temps que *La Jalousie* d'Alain Robbe-Grillet. Émile Henriot, qui n'aime pas ces livres, parle à leur propos, et péjorativement, de « Nouveau Roman ». L'expression va servir à désigner le mouvement littéraire lancé par Robbe-Grillet et les Éditions de Minuit. Ceux qu'on rassemble dans ce groupe n'ont cependant de commun que la conviction que la littérature, comme tout art, doit se libérer de formes devenues désuètes, et s'aventurer à la recherche de nouvelles formes mieux adaptées, ce qu'avait déjà soutenu Nathalie Sarraute dans *L'Ère du soupçon*.

1959. Parution du *Planétarium*.

1960. Nathalie Sarraute signe le manifeste des 121, aux côtés de Michel Butor, André Breton, Simone de Beauvoir, Roger Blin, Alain Cuny, Marguerite Duras, Michel Leiris, Jérôme Lindon, Maurice Nadeau, Alain Robbe-Grillet, Alain Resnais, Jean-Paul Sartre, Claude Simon, Simone Signoret, Vercors, etc.

1963. Parution des *Fruits d'or* (Prix International de Littérature en 1964).

1964.	Parution du *Silence*.
1966.	Parution du *Mensonge*.
1967.	Ouverture du Petit Odéon avec la création du *Silence* et du *Mensonge*, dans une mise en scène de Jean-Louis Barrault.
1968.	Parution de *Entre la vie et la mort*.
1970.	Sur France-Culture, création de *Isma*, qui paraît la même année.
1971.	Colloque sur le Nouveau Roman, organisé à Cerisy-la-Salle par Jean Ricardou, avec Nathalie Sarraute, Claude Simon, Alain Robbe-Grillet, Michel Butor, Claude Ollier et Robert Pinget.
1972.	Parution de *Vous les entendez ?*
1973.	Création de *Isma* à l'Espace Pierre-Cardin, dans une mise en scène de Claude Régy.
1975.	Parution de *C'est beau*, créé la même année, dans une mise en scène de Claude Régy, dans la petite salle aménagée par Jean-Louis Barrault à l'intérieur de l'ancienne gare d'Orsay.
1976.	Parution de « *disent les imbéciles* ». Doctorat *honoris causa* de Trinity College (Dublin).
1978.	Parution de *Elle est là* (dans le volume *Théâtre* qui rassemble également les quatre premières pièces de l'écrivain).
1980.	Création de *Elle est là* au théâtre d'Orsay, dans une mise en scène de Claude Régy. Parution de *L'Usage de la parole*. Doctorat *honoris causa* de l'université de Canterbury.
1982.	Parution de *Pour un oui ou pour un non*. La même année, le Grand Prix national des Lettres, décerné par le ministère de la Culture, est attribué à Nathalie Sarraute.
1983.	Parution d'*Enfance*.
1985.	Mort de Raymond Sarraute.
1986.	Le 17 février, création de *Pour un oui ou pour un*

non au théâtre du Rond-Point, dans une mise en scène de Simone Benmussa. En juillet, le festival d'Avignon consacre une grande partie de sa production officielle à l'œuvre de Nathalie Sarraute (avec notamment des représentations de *Elle est là* et *Pour un oui ou pour un non*, dans des mises en scène de Michel Dumoulin).

1989. En juillet, un colloque est consacré à l'œuvre de Nathalie Sarraute à Cerisy-la-Salle. En septembre, parution de *Tu ne t'aimes pas*. La même année, Claude Régy tourne un film de 98 minutes d'entretiens avec Nathalie Sarraute.

1990. Retour à Ivanovo pour la première fois depuis son enfance.

1991. Doctorat *honoris causa* de l'université d'Oxford.

1993. Représentations du *Silence* et de *Elle est là*, dans des mises en scène de Jacques Lassalle. Les deux pièces constituent le spectacle d'ouverture du Vieux-Colombier rénové, qui devient la seconde salle des Comédiens-Français.

1994. Colloque international de Tucson (Arizona), consacré à Nathalie Sarraute.

1995. Exposition Sarraute à la Bibliothèque nationale de France. Parution de *Ici*.

1996. Les *Œuvres complètes* de Nathalie Sarraute sont publiées dans la Bibliothèque de la Pléiade, privilège accordé à un très petit nombre d'auteurs de leur vivant.

1997. Parution de *Ouvrez*.

1999. Le 19 octobre, Nathalie Sarraute meurt chez elle, à Paris. Elle laisse inachevée une septième pièce, commencée après la rédaction d'*Ouvrez*. Elle est enterrée auprès de son mari, dans le petit cimetière de Chérence.

… NOTICE

« MON THÉÂTRE CONTINUE MES ROMANS [1]… »

Écrite dans la continuité immédiate de *Vous les entendez ?* (paru en janvier 1972), la pièce reprend exactement le motif central du roman : un individu ne peut déclarer sans trouble son admiration pour un objet d'art qui lui est cher, empêché par la présence d'enfants apparemment hostiles. En un sens, *C'est beau* est la seule véritable « adaptation » théâtrale que Nathalie Sarraute ait directement faite d'un de ses livres. Si les pièces précédentes, ou celles qui suivent, reprennent un élément ou un chapitre de tel ou tel roman[2], c'est la situation d'ensemble de *Vous les entendez ?* que l'on retrouve intégralement dans *C'est beau*, avec juste un léger déplacement et une condensation du nombre des personnages : les deux amis du roman font place à un couple de parents, tandis que les enfants se réduisent sur la scène à la figure emblématique du Fils. La réécri-

---

1. Propos de Nathalie Sarraute, recueilli par Lucette Finas dans *La Quinzaine littéraire*, 16 décembre 1978.
2. Voir notamment nos éditions du *Silence* et de *Pour un oui ou pour un non* (Folio théâtre, n° 10 et n° 60).

ture dramatique du tropisme qui est à l'origine de *Vous les entendez ?* n'en change donc pas les enjeux mais en prolonge l'exploration. Tout se passe comme si Nathalie Sarraute, tels les biologistes auxquels elle emprunte souvent imaginaire et vocabulaire[1], transportait la « souche » originelle dans un nouveau bouillon de culture, capable d'accélérer le processus. Pour développer idéalement le malaise répété tout au long du roman, elle donne un « tour de vis » en plus (comme l'aurait dit Henry James) à l'émotion initiale : d'une part le lien de parenté et la proximité affective des antagonistes sont en quelque sorte redoublés par l'existence de la mère (le père était seul dans le roman) ; d'autre part l'objet qui cristallise l'émotion est repoussé dans le lointain. D'une certaine façon, la modification la plus importante tient en effet à un point de détail : la sculpture, palpable, sensuelle et très présente dans le roman (« Sa main suit ses contours, flatte ses flancs lourds[2]... ») s'est transformée dans la pièce en une gravure, qu'on évoque du bout des lèvres et qui, loin d'inviter celui qui la contemple à s'en saisir et à la toucher, le met à l'écart, l'oblige à un rapport entièrement *respectueux* (de regard à distance). Devenue presque intangible, l'œuvre devient à la fois moins familière et plus inquiétante. Dans le même ordre d'idée, la scène substitue à une disposition spatiale en étages (les enfants en haut, qui rient dans leur chambre / les adultes en bas, qui admirent la statue) une opposition horizontale et face à face, où la séparation est marquée concrètement par un mur dont on a vu l'importance à la fois métaphorique et structurelle (préface, p. 16-18). Les espaces ne

---

[1]. On se souvient de l'origine biochimique du mot « tropisme » lui-même.
[2]. *Vous les entendez ?*, Folio, p. 13.

sont donc plus hiérarchisés mais coexistent en s'affrontant dans un même plan. Celui des parents est directement menacé par celui du Fils, immédiatement contigu. La seule présence hors-scène de celui-ci lui suffit pour prendre toute la place sur le plateau :

Et je n'ai même pas besoin de me montrer, pas besoin de faire coucou le voilà...

... Pas besoin non plus, pour manifester son pouvoir, de faire entendre le moindre rire, comme ses semblables dans *Vous les entendez ?* :

Il suffit que je sois derrière le mur... enfermé dans ma chambre... Même derrière un mur de béton ma seule présence suffit pour que ça ne sorte pas[1].

Véritable Néron de cette micro-tragédie domestique, l'enfant rend impossible le moindre commentaire, la moindre discussion qui permettrait à la scène de reprendre le dessus sur les coulisses.

Cela est si vrai que, pour la première fois dans une pièce de Nathalie Sarraute, des voix se font entendre, qui déréalisent un peu plus la représentation scénique. Ou plus précisément, le théâtre de l'écrivain retrouve son origine radiophonique pour mieux faire ressortir le côté fantasmatique de la confrontation ; ainsi fait-il de la voix *off* l'outil d'une remise en question systématique du rituel social et dramatique.

---

1. P. 22.

DES VOIX POUR UN THÉÂTRE MENTAL

On sait que les quatre premières pièces de Nathalie Sarraute ont d'abord été conçues pour la radio. Immédiatement après sa rédaction, *C'est beau* a ainsi été enregistré sur France-Culture dès avril 1972 (mais diffusé en octobre), soit trois ans avant sa création scénique par Claude Régy. Or, contrairement au *Mensonge*, au *Silence* et à *Isma*, l'œuvre inaugure une partition très claire entre des voix dramatiques (jusqu'ici seules admises) et des voix qui échappent entièrement à l'orbite de la scène : les Duranton, Charrat, Aubry et autres Jamet, dont les avatars étaient encore directement présents aux côtés des protagonistes des pièces précédentes, sont en quelque sorte extraits du plateau, arrachés à l'espace apparemment réaliste de l'appartement familial. Au point qu'on a l'impression que la mère est peu à peu dépossédée de sa propre voix. Jouant à la mettre à distance pour dédramatiser la situation, elle ouvre en fait la scène à l'intrusion de forces inattendues :

Oui : « *Qu'il disparaisse. À tous les diables...* » (D'une voix qui n'est pas la sienne :) *Mais pourquoi ? Qu'est-ce qu'il a fait ? Est-ce que c'est un assassin ?* (Sa voix :) *Oh non... [...]* (Voix étrangère :) *C'est un voleur ?* (Sa voix :) *Oh non... [...]* (Voix étrangère :) *Un menteur ?* (Sa voix :) *Non.* (Voix étrangère :) *Un pervers*[1] *?*

Bien vite, cette « voix étrangère » semble radicalement s'émanciper pour contester de l'extérieur l'attitude des parents :

---

1. P. 35.

voix : *Ah, si ce n'est pas malheureux de voir ça. Oui, si ce n'est pas malheureux... Vouloir chasser ce pauvre enfant... en arriver là*[1].

Ainsi prend forme un véritable chœur, à dimension épique, qui contribue à déréaliser totalement une situation jusque-là spécifiquement dramatique. L'espace de la scène devient un pur espace mental où les interventions extérieures des Duranton et consorts rappellent certains fantasmes beckettiens. L'univers bourgeois, le huis clos familial et l'argument sociologique pseudo-soixante-huitard volent en éclats sous la pression de ces voix, littéralement abstraites de la scène.

L'usage final de la musique comme substitut possible de l'objet d'art litigieux accentue par ailleurs le processus. En faisant écouter à son fils du Boucourechliev, puis du Webern et du Mozart, la mère dématérialise un peu plus l'espace de la représentation : au *voir* typiquement théâtral est substituée, comme en dernier recours, une écoute entièrement libre qui nous replonge davantage encore dans le noir de l'émission radiophonique. Délivrés des jeux de regards qu'implique nécessairement la confrontation scénique, les personnages cherchent à se retrouver dans l'espace neutre d'une communauté auditive immobile. Le théâtre est alors ramené à l'essentiel : la tentative de partage d'une émotion impalpable, indescriptible, irreprésentable et pourtant bien présente (si l'on en croit la mère : « Ça entrait... emplissait... c'était[2]... »). Un incident survenu lors de la création scénique a, d'une certaine façon, rendu emblématique le pouvoir absolu de cette abstraction qui fait la force de *C'est beau*. Le régisseur ayant un

1. P. 37.
2. P. 67.

soir oublié d'envoyer la musique attendue, les trois comédiens durent *imaginer* qu'ils écoutaient cette dernière. Entièrement repliés sur cette écoute intérieure, ils vécurent, et firent vivre si intensément la scène aux spectateurs, que le metteur en scène (Claude Régy, qui nous a rapporté l'anecdote) put se demander s'ils n'avaient pas atteint ici un sommet du spectacle — moment de vertige absolu où tout bascule parce qu'une émotion invisible est ressentie — ou non — par deux ou trois, sans un mot.

« *Un grand silence en forme de monstre, avec une queue qui n'en finit plus*[1] », et le théâtre est là, où le tropisme prend naissance. Plus que jamais se trouve ainsi justifié le passage, pourtant tant redouté par l'auteur, de la page du livre à l'espace du plateau. Dans *Les Nouvelles littéraires* du 3 novembre 1975, Matthieu Galey pouvait noter :

> *Chez Nathalie Sarraute, ce qui est dit n'est pas le plus important. C'est ce qu'on tait qui forme le véritable dialogue entre les êtres, sous les mots [...] c'est pourquoi le théâtre apporte quelque chose à l'univers si particulier des romans de Sarraute.*

On verra que la critique dans son ensemble fut attentive à cet infime bruissement des tropismes auquel la scène sert bien de caisse de résonance.

---

1. Nous volons l'expression à Dino Buzzati, dans *Voyage aux enfers du siècle...*

MISE EN SCÈNE

Contrairement au *Silence*, à *Elle est là* ou *Pour un oui ou pour un non*, *C'est beau* semble avoir été jusqu'ici une pièce relativement sacrifiée par les metteurs en scène — hormis Claude Régy qui sut très tôt faire entendre la vérité et la violence dont la pièce était porteuse.

CRÉATION RADIOPHONIQUE

C'est beau fut créé à la radio immédiatement après sa rédaction. Enregistrée le 3 avril 1972, dans une réalisation de J.-P. Colas, la pièce fut diffusée sur France-Culture, dans le cadre de l'émission « Carte blanche », le 16 octobre de la même année (Phonothèque de l'I.N.A., cote 12 L 335). D'une durée d'une heure, cette version était interprétée par C. Sellers, C. Pieplu, E. Legrand, J.-P. Cisife, M. Barbulée, P. Garin, M. Bourbon, L. Mercier, J. Pacley.

Une version italienne (traduction d'Ugo Ronfani) fut également diffusée par la RAI en décembre 1980.

CRÉATION THÉÂTRALE

C'est à Claude Régy, qui avait déjà créé *Isma* deux ans auparavant, que l'on doit la création de l'œuvre au théâtre. La première eut lieu le 24 octobre 1975, dans la petite salle du théâtre d'Orsay (fondé par Jean-Louis Barrault et Madeleine Renaud). La pièce fut jouée soixante-quinze fois jusqu'en janvier 1976. La distribution était la suivante :

Lui : *Jean-Luc Bideau*
Elle : *Emmanuelle Riva*
Le fils : *Daniel Berlioux*
Voix : *Agnès Junger et Chloé Caillat.*

Les *Cahiers Renaud-Barrault* (qui accueillirent neuf ans plus tôt le texte du *Mensonge*) font paraître la pièce en 1975. L'œuvre est suivie de quelques « Divagations de mise en scène » proposées par Claude Régy. Ce dernier évoque, sous la forme d'un « avertissement aux acteurs », quelques-uns des enjeux de *C'est beau* :

Le problème c'est de ne pas dialoguer.
— C'est beau, tu ne trouves pas ?
— Oui…
— Tu ne trouves pas que c'est beau ?
— Si… Si…
Ça va tout seul, c'est même dangereusement facile à parler juste, et embarqué dans le dialogue nous glissons à la surface où nous allons piapiater comme en salon.
Attention. […] Entre «c'est beau tu ne trouves pas» et «oui» — qu'est-ce qui se passe ? Une bête énorme vient de naître. […] Une matière qui gonfle invisible et dense. Cette

chose énorme qui envahit la scène, c'est quoi — impalpable — une émanation, une fumée, une encre noire — sécrétée par qui — une paralysie psychique, un projectile intérieur, quelque chose comme un cancer qui fait peur, qui détruit [...].

[...] Alors ramassant tous les morceaux — la scène n'a pas cessé d'être un champ de bataille — elle [la mère] va tenter de reconstituer la chose — l'unité. Si on n'en parle pas — si on ne nomme pas — si on supprime le langage parlé — écouter ensemble — père-mère-fils — oh rien de trop difficile — du Mozart comme tout le monde, le fragile équilibre va-t-il se maintenir ?

Mais non, au-delà du langage, la désintégration qui s'est infiltrée, au début, entre «Tu ne trouves pas que c'est beau» et «oui», la rupture d'harmonie qui s'est insinuée entre deux syllabes pour fissurer les êtres émetteurs de syllabes — (dire «chouette» ou «beau» c'est le même arbitraire, c'est aussi convenu) fissure en même temps l'air autour d'eux, les vibrations qui les relient. Tout est ébranlé, déconnecté, explose.

Il ne s'agit pas de pouvoir ou non dire c'est beau. Le fait est qu'en présence du fils, avec tout ce qui s'est développé, on n'est plus en état d'écouter. On ne supporte pas. On n'entend plus. C'est quelque chose d'intolérable. [...]

On est brûlé. Écorché. La peau morte s'arrache et tombe. On est stérilisé. Impuissant. Tout le système nerveux ébranlé de secousses où la mort se transmet par relais. De cellule en cellule. La chair tombe en poudre[1].

Le spectacle, d'une heure et vingt minutes (plus lent donc, plus «aéré» que la version radiophonique), fut très bien accueilli par le public et, dans l'ensemble, par la critique. Matthieu Galey donne ses impressions très positives à plusieurs journaux, dont *Le Quotidien de Paris* (29 octobre 1975) :

1. «Nathalie Sarraute : un théâtre d'action. *C'est beau* : théâtre de la violence», *Cahiers Renaud-Barrault*, n° 89, 1975, p. 80-89.

> Si on prend le temps d'y réfléchir cinq minutes, voici un spectacle qui en apprend plus que trente essais sur les ambiguïtés de l'art dramatique et le toujours jeune paradoxe du comédien. Regardez-les bien, ces trois personnes, qui bougent à peine, sur un plateau nu, devant un écran blanc. Trois personnes, ou trois personnages ? Tout est là. Claude Régy, avec cette attention minutieuse qui est sa part, a pris grand soin de les détacher de toute réalité, de les isoler. [...] Ainsi, on « entend » cette minime distance entre les mots et leur sens véritable qui permet au doute de se glisser, à une pensée parallèle et contradictoire de trouver sa place. Ainsi passent ces imperceptibles, ces merveilleuses découvertes microscopiques où Nathalie Sarraute réussit à dénicher les bactéries de l'intelligence. [...] Il fallait ce chef d'orchestre qu'est Régy, plus présent que si on le voyait, une baguette à la main. Il fallait ce petit miracle d'un accord, d'une entente. Il fallait ce silence dans la salle, ce silence qui ne trompe jamais.

François Nourissier, dans *Le Figaro* (27 octobre), loue de même la pièce et l'équipe artistique :

> C'est une sorte de musique froide à cinq voix, de « conversation absolue » que Claude Régy a mise en scène, et qu'interprètent magistralement Emmanuelle Riva, Jean-Luc Bideau et Daniel Berlioux.
> Les trois comédiens sont debout, presque immobiles sur la scène, dans une lumière dure. Deux actrices dans la salle (Agnès Junger et Chloé Caillat) jouent le rôle du chœur. [...]
> On pourrait craindre que *C'est beau* ne soit une soirée « difficile ». Je vous rassure : c'est encore plus amusant que difficile, et plus subversif qu'amusant.

Dans *Le Canard enchaîné* (5 novembre), Philippe Tesson met l'accent autant sur la sobriété de la mise en

scène que sur l'intime liaison que le spectacle établit —
par-delà l'« intellectualisme » souvent reproché à Nathalie Sarraute — entre l'intelligence de l'œuvre et l'émotion de la scène :

> *Pas de décors, pas d'artifice, des costumes de tous les jours, un éclairage et voilà tout. Trois comédiens immobiles et qui jouent sans effets. Tout cela pour dire qu'on ne peut imaginer plus grande économie de moyens, d'espace, de temps, d'écriture et de matériau. Eh bien! cette heure-là est la plus pleine, la plus riche, la plus lumineuse que nous offre actuellement le théâtre à Paris. Ici triomphent l'intelligence et la complicité dans l'intelligence entre un auteur, Nathalie Sarraute, et son metteur en scène, Claude Régy. [...] Tant d'intelligence conduit à une grande émotion.*

Michel Cournot insiste, lui, dans *Le Monde* (29 octobre), sur la beauté et l'étrangeté de l'œuvre :

> *Le théâtre de Nathalie Sarraute est parmi les plus forts qui soient, mais c'est un théâtre sans théâtre, sans action et sans acteurs. Un théâtre secret de vocables-amants qui palpent en silence, dans la nuit, leur empêchement de vie.*

Si quelques critiques, comme Pierre Marcabru dans *France-Soir* (1er novembre), réduisent au contraire la pièce à un « drame familial de l'incommunicabilité, du divorce des générations » ou, pire, à du « théâtre de chambre, précieux et tarabiscoté, qui faisait florès il y a vingt ans », la grande majorité partage l'analyse de Dominique Jamet dans *L'Aurore* (31 octobre) :

> *Ce n'est rien. Ou si peu. Tout juste vingt-cinq pages dans les* Cahiers Renaud-Barrault. *À peine une demi-heure de texte si l'interprétation ne tenait compte, et ne devait tenir*

compte, *de la partition invisible qu'a su lire, transcrire et exécuter en grand maître Claude Régy.*

Ce n'est rien. La suite des mouvements de l'âme, comme on parle des mouvements d'une symphonie — admirablement composée et orchestrée — où chacun a sa voix, sa tonalité, sa résonance, où chacun, Lui, Elle, le Fils, est à la fois le joueur et l'instrument, le chanteur et le chant. Claude Régy a indiqué avec une telle précision la note, le ton, l'intensité et la durée de chaque intervention que j'ai rarement entendu au théâtre avec autant de gêne ou d'irritation que dans cette salle les quelques toux ou chuchotis qui rompaient le silence et l'enchantement.

[…] Ce n'est rien et tout est dit. Ce n'est rien et c'est beau.

On ne peut dès lors que s'étonner du nombre relativement restreint de reprises que l'œuvre connut par la suite.

AUTRES MISES EN SCÈNE

Hormis quelques mises en scène d'amateurs ou de petites compagnies donnant peu de représentations, la pièce ne semble pas avoir fait l'objet de reprises importantes avant 1986-1987 (où elle est jouée aux Pays-Bas et en néerlandais durant une période assez longue). Il faut surtout attendre 1996 pour voir de nouveau la pièce jouée à Paris, dans une mise en scène de François Timmerman : créé à la Fondation Deutsch de la Meurthe à la Cité universitaire de Paris (du 13 février au 23 mars), le spectacle fut ensuite repris au Collège néerlandais de la Cité internationale (du 1er octobre au 15 décembre), accompagné cette fois de *Elle est là*. La distribution était la suivante :

Lui : *François Timmerman*
Elle : *Dominique Louyot*
Le fils : *Julie Timmerman*
Le texte des voix était dit par le Fils.

FILM

En 1980, Michel Dumoulin filme la pièce avec la distribution suivante :

Elle : *Dominique Blanchard*
Lui : *Jacques Dufilho*
Le fils : *Fabrice Eberhard*
Voix : *Colette Bergé, Françoise Thernisien, Rena Kerner, Hervé Claude, Michel Dumoulin.*

D'une durée de 70 minutes, ce film a été diffusé sur Antenne 2 le 22 décembre 1980.

BIBLIOGRAPHIE SOMMAIRE

1. ÉDITIONS DE *C'EST BEAU*

Cahiers Renaud-Barrault, n° 89, 1975, p. 43-69.
Théâtre : Elle est là, C'est beau, Isma, Le Mensonge, Le Silence, Gallimard, coll. « Blanche », 1978.
Théâtre : Pour un oui ou pour un non, Elle est là, C'est beau, Isma, Le Mensonge, Le Silence, Gallimard, coll. « Blanche », 1993.

2. AUTRES ŒUVRES DE NATHALIE SARRAUTE

Nous indiquons la première édition (hors première parution en revue), puis le numéro de la collection Folio lorsque le texte y est disponible.

Tropismes, Denoël, 1939 (rééd. Minuit, 1957).
Portrait d'un inconnu (préface de Jean-Paul Sartre), Éditions Robert Marin, 1948 (Folio n° 942).
Martereau, Gallimard, 1953 (Folio n° 136).
L'Ère du soupçon, Gallimard, 1956 (Folio essais n° 76).
Le Planétarium, Gallimard, 1959 (Folio n° 92).
Les Fruits d'or, Gallimard, 1963 (Folio n° 390).

Le Silence suivi de *Le Mensonge*, Gallimard, 1967 (*Le Silence* : Folio théâtre nº 5).
Entre la vie et la mort, Gallimard, 1968 (Folio nº 409).
Isma ou Ce qui s'appelle rien suivi de *Le Silence* et *Le Mensonge*, Gallimard, 1970.
Vous les entendez ?, Gallimard, 1972 (Folio nº 839).
« disent les imbéciles », Gallimard, 1976 (Folio nº 997).
Théâtre : Elle est là, C'est beau, Isma, Le Mensonge, Le Silence, Gallimard, 1978.
L'Usage de la parole, Gallimard, 1980 (Folio nº 1435).
Pour un oui ou pour un non, Gallimard, 1982 (Folio théâtre nº 60).
Enfance, Gallimard, 1983 (Folio nº 1684).
Paul Valéry et l'Enfant d'Éléphant suivi de *Flaubert le précurseur*, Gallimard, 1986.
Tu ne t'aimes pas, Gallimard, 1989 (Folio nº 2302).
Ici, Gallimard, 1995 (Folio nº 2994).
Ouvrez, Gallimard, 1997 (Folio nº 3294).

Les *Œuvres complètes* de Nathalie Sarraute sont parues en 1996 dans la Bibliothèque de la Pléiade (édition critique sous la direction de Jean-Yves Tadié, avec la collaboration de Viviane Forrester, Ann Jefferson, Valerie Minogue et Arnaud Rykner). Le volume ne comprend pas *Ouvrez*, paru l'année suivante.

Les œuvres de Nathalie Sarraute sont traduites dans plus de trente pays.

3. ÉTUDES GÉNÉRALES SUR L'ŒUVRE DE NATHALIE SARRAUTE

Thèses et essais

Asso, Françoise, *Une écriture de l'effraction*, Presses Universitaires de France, coll. « Écrivains », 1995.

Calin, Françoise, *La Vie retrouvée. Étude de l'œuvre romanesque de Nathalie Sarraute*, Minard, 1976.
Clayton, Alan J., *Nathalie Sarraute ou le Tremblement de l'écriture*, Minard, 1989.
Cranaki, Mimika, et Belaval, Yvon, *Nathalie Sarraute*, Gallimard, 1965.
Micha, René, *Nathalie Sarraute*, Éditions Universitaires (Classiques du XXe siècle), 1966.
Minogue, Valerie, *Nathalie Sarraute and the War of the Words*, Edinburgh University Press, 1981.
Newman, Anthony S., *Une poésie des discours. Essai sur les romans de Nathalie Sarraute*, Droz, 1976.
Pierrot, Jean, *Nathalie Sarraute*, José Corti, 1990.
Raffy, Sabine, *Sarraute romancière. Espaces intimes*, Peter Lang, New York, 1988.
Rykner, Arnaud, *Nathalie Sarraute*, Éditions du Seuil (Les Contemporains), 1991.
Temple, Ruth Z., *Nathalie Sarraute*, Columbia University Press, 1968.
Tison-Braun, Micheline, *Nathalie Sarraute ou la Recherche de l'authenticité*, Gallimard, 1971.

Numéros spéciaux consacrés à Nathalie Sarraute

Magazine littéraire, n° 196, juin 1983.
L'Arc, n° 95, 1984.
Digraphe, n° 32, mars 1984.
Revue des sciences humaines, n° 217, 1990.
L'Esprit créateur, vol. XXXVI, n° 2, 1996.
Roman 20-50, n° 25, juin 1998.

4. ARTICLES ET ESSAIS SUR LE THÉÂTRE DE NATHALIE SARRAUTE

Besser, Gretchen R., « Nathalie Sarraute : *Pour un oui ou pour un non* », *The French Review*, vol. 57, avril 1983.

Cagnon, Maurice, « Les pièces de Nathalie Sarraute : voix et contrevoix », *Bulletin des jeunes romanistes*, n° 20, juin 1974.

Daubenton, Annie, « Les faits divers de la parole », *Les Nouvelles littéraires*, n° 2719, 10-17 janvier 1980, entretien avec Nathalie Sarraute et Claude Régy.

Martinoir, Francine de, « À la naissance même du drame », *La Quinzaine littéraire*, 16-31 mars 1982.

Régy, Claude, « Nathalie Sarraute : un théâtre d'action. *C'est beau* : un théâtre de la violence », *Cahiers Renaud-Barrault*, n° 89, 1975.

Rykner, Arnaud, *Théâtres du Nouveau Roman — Sarraute, Pinget, Duras —*, José Corti, 1988.

—, « Théâtre et exorcisme. Les écorchés de la parole », *Poétique*, n° 102, 1995.

—, « Nathalie Sarraute et le théâtre », in *Nathalie Sarraute. Portrait d'un écrivain*, textes réunis par Annie Angremy, catalogue de l'exposition de la Bibliothèque nationale de France, 1995.

Sadowska-Guillon, Irène, « À la recherche du temps présent », *Acteurs*, n° 34, mars 1986, entretien avec Nathalie Sarraute.

Suhl, Benjamin, « Nathalie Sarraute's Latest Play : *C'est beau* », *Romance Notes*, vol. XX, n° 2, p. 178-181.

Vinaver, Michel, « *Pour un oui ou pour un non* », in *Écritures dramatiques. Essais d'analyse de textes de théâtre*, Actes Sud, 1993.

Zetner, Gerda, « Quelques remarques sur l'"art dramatique" de Nathalie Sarraute », *Digraphe*, n° 32, mars 1984.

NOTES

Page 21.

1. L'expression, ou quelques-unes de ses variantes, et le trouble qu'elle peut provoquer ont été abordés à plusieurs reprises dans les précédentes œuvres de l'écrivain : notamment *Les Fruits d'or* (Folio, p. 113), ou *Portrait d'un inconnu* (Folio, p. 161), et bien sûr *Vous les entendez ?* (Folio, p. 43). Dans *L'Usage de la parole* (Folio, p. 92), Sarraute reviendra sur les maléfices des mots « beauté » (le « sens de la beauté ») et « esthétique ». *C'est beau* donne toute leur ampleur aux tropismes rencontrés au détour de ces pages.

Page 24.

2. Dérisoire rappel à l'ordre, censé couper court au déferlement des tropismes, comme dans *Vous les entendez ?* : « On ne va pas tout de même se battre contre ces voyous, nous ne sommes pas seuls, Dieu merci, les gardiens de la paix sont là pour nous défendre... Un bon coup de matraque par-ci par-là leur apprendra, à ces petits chenapans... Il n'y a rien de tel pour vous éclaircir les idées... » (Folio, p. 158). Dans ses notes de mise en scène, Claude Régy compare très justement le recours

désespéré au « qui "elle" ? » à « un vieil instrument tranchant, métallique, de la guerre de 14, quelque chose comme la baïonnette des fantassins » (« Divagations de mise en scène », *Cahiers Renaud-Barrault*, n° 89, p. 85-86).

Page 27.

3. Cette expression « Mon petit » fera l'objet d'un des textes de *L'Usage de la parole* (Folio, p. 95-105).

Page 34.

4. On retrouve l'expression de la page 25 (« Enfermé là à triple tour »), sauf que cette fois c'est le Fils qui prend l'initiative de la clôture. À chaque fois les personnages tentent d'élever des digues contre le déferlement du tropisme, l'emprisonnant dans des codes ou des catégories, ou bien refusant purement et simplement de parler, d'étaler l'émotion au grand jour.

Page 35.

5. L'écriture radiophonique invite à ce jeu sur la voix, qui remplace les mouvements physiques du théâtre. Sur scène, cette scission — d'abord ludique — devient une invite au hors-scène, qui intervient aussitôt après par l'invasion des voix extérieures.

Page 36.

6. Cette intrusion d'une voix *off* dans le dialogue est la première du théâtre de Nathalie Sarraute. Jusque-là, les adjuvants et opposants des protagonistes étaient toujours présents sur scène, et de façon parfaitement réaliste. L'effet de cette intervention est notamment de déréaliser la situation et de lui donner un caractère fantasmatique qui empêche une lecture au premier degré.

Page 42.

7. Série d'expressions figées, de clichés comme les aime Nathalie Sarraute, qui essaient de désamorcer le processus de révélation et de tuer le sentiment en le recouvrant d'une couche de vernis mortifère.

Page 45.

8. La méthode Coué vient s'ajouter à la panoplie de vaines thérapies dont les personnages sarrautiens usent et abusent (psychodrame dans *Le Silence* et *Le Mensonge*, « clou » destiné à en « chasser » un autre dans *Elle est là*, etc.).

Page 47.

9. Même dérapage que dans *Le Mensonge* (*Œuvres complètes*, Bibl. de la Pléiade, p. 1409). La tentative pour exorciser le tropisme se retourne contre les apprentis sorciers.

Page 55.

10. Les arguments d'autorité seront au cœur de « *disent les imbéciles* », où Nathalie Sarraute analysera notamment les ravages qu'ils provoquent en profondeur.

Page 58.

11. Les références aux contes sont fréquentes dans l'œuvre de Nathalie Sarraute : Alice au Pays des Merveilles dans *Portrait d'un inconnu* (Folio, p. 167), le Petit Poucet dans *Martereau* (Folio, p. 205), la Belle au Bois dormant dans *Les Fruits d'or* (Folio, p. 57), Blanche-Neige dans *Pour un oui ou pour un non* (Folio théâtre, p. 38), et ici le Roi des Crapauds ou le Compagnon de Voyage d'Andersen. La plongée au cœur des tropismes provoque une série de métamorphoses, qui

nous font remonter aux grands archétypes de l'imaginaire populaire.

Page 66.

12. André Boucourechliev (1925-1997), compositeur français d'origine bulgare, élève de Berio et de Maderna. Il a composé notamment de la musique électroacoustique.

Page 67.

13. Anton von Webern (1883-1945), compositeur autrichien, élève de Schönberg et ami d'Alban Berg dont il défendra les œuvres comme chef d'orchestre. Dès 1909, à l'image de Schönberg, il abandonne la musique tonale ; en 1924, il adopte la dodécaphonie.

14. Après la tentative moderniste, les parents se replient sur un terrain apparemment neutre. Pour sauver le fragile équilibre de la cellule familiale, on écoute « du Mozart comme tout le monde » (comme l'écrit Claude Régy, *op. cit.*, p. 87).

Page 68.

15. Même tentative de diversion que dans *Le Silence* (Folio théâtre, p. 40) et plus tard dans *Elle est là*. Parler d'autre chose n'est pourtant jamais qu'une solution dérisoire.

Page 70.

16. La boucle est bouclée. Pour tenter, dérisoirement, d'effacer le drame qui vient d'avoir lieu, « le vieux mâle brandit pour la seconde fois son vieux yatagan des guerres coloniales, sa grenade, sa baïonnette rouillée »… (Claude Régy, *op. cit.*, p. 87-88. Voir *supra*, p. 24, note 2).

RÉSUMÉ

Parce que leur fils est là, tout proche, et que de lui émane comme un reproche, une condamnation muette, qui fige les mots sur les lèvres de ses parents, un père et une mère n'arrivent plus à dire « C'est beau » d'un objet qu'ils trouvent tel. Ou s'ils le disent, c'est avec gêne — cela sonne faux, contraint et maladroit. L'enfant n'aime-t-il pas l'objet en question ? N'est-il qu'un béotien insensible à l'art ? À moins que « C'est beau » ne soit qu'une formule convenue, une étiquette conformiste comme les familles en inventent tant, un instrument de pouvoir pour plier l'enfant au goût des adultes ? Tout est possible et rien n'est tout à fait vrai. Impossible, en tout cas, de dire « C'est beau » sans se débarrasser du Fils, le rayer de son esprit, l'envoyer dans des prisons imaginaires, des maisons de redressement, sans le faire disparaître.

Mais même alors, les mots ne viennent pas — on joue la comédie : « c'est beau, beau, beau, beau », et de toutes parts des voix viennent se moquer du père, lui renvoyer les monstres qu'il s'est fabriqués. Dernier recours : revoir l'enfant, lui parler, se servir de ses mots ou de ceux qu'on lui prête (« C'est chouette »), restaurer l'harmonie dans l'écoute attentive d'une musique consensuelle. Mais peine perdue, la bête est là, tapie dans l'ombre, toujours prête à surgir. Pour la tenir à distance, une seule solution : la bonne vieille autorité paternelle, une autre formule, coup de massue dérisoire qui frappe à côté, et fait résonner le vide effrayant que « C'est beau » a laissé derrière soi.

Préface d'Arnaud Rykner   7

C'EST BEAU

DOSSIER

Chronologie	73
Notice	81
Mise en scène	87
Bibliographie sommaire	94
Notes	98
Résumé	102

DU MÊME AUTEUR

Dans la même collection

LE SILENCE. *Édition présentée et établie par Arnaud Rykner.*

POUR UN OUI OU POUR UN NON. *Édition présentée et établie par Arnaud Rykner.*

ELLE EST LÀ. *Édition présentée et établie par Arnaud Rykner.*

COLLECTION FOLIO THÉÂTRE

1. Pierre CORNEILLE : *Le Cid.* Édition présentée et établie par Jean Serroy.
2. Jules ROMAINS : *Knock.* Édition présentée et établie par Annie Angremy.
3. MOLIÈRE : *L'Avare.* Édition présentée et établie par Jacques Chupeau.
4. Eugène IONESCO : *La Cantatrice chauve.* Édition présentée et établie par Emmanuel Jacquart.
5. Nathalie SARRAUTE : *Le Silence.* Édition présentée et établie par Arnaud Rykner.
6. Albert CAMUS : *Caligula.* Édition présentée et établie par Pierre-Louis Rey.
7. Paul CLAUDEL : *L'Annonce faite à Marie.* Édition présentée et établie par Michel Autrand.
8. William SHAKESPEARE : *Le Roi Lear.* Édition de Gisèle Venet. Traduction nouvelle de Jean-Michel Déprats.
9. MARIVAUX : *Le Jeu de l'amour et du hasard.* Préface de Catherine Naugrette-Christophe. Édition de Jean-Paul Sermain.
10. Pierre CORNEILLE : *Cinna.* Édition présentée et établie par Georges Forestier.
11. Eugène IONESCO : *La Leçon.* Édition présentée et établie par Emmanuel Jacquart.
12. Alfred de MUSSET : *On ne badine pas avec l'amour.* Édition présentée et établie par Simon Jeune.
13. Jean RACINE : *Andromaque.* Préface de Raymond Picard. Édition de Jean-Pierre Collinet.
14. Jean COCTEAU : *Les Parents terribles.* Édition présentée et établie par Jean Touzot.
15. Jean RACINE : *Bérénice.* Édition présentée et établie par Richard Parish.
16. Pierre CORNEILLE : *Horace.* Édition présentée et établie par Jean-Pierre Chauveau.

17. Paul CLAUDEL : *Partage de Midi*. Édition présentée et établie par Gérald Antoine.
18. Albert CAMUS : *Le Malentendu*. Édition présentée et établie par Pierre-Louis Rey.
19. William SHAKESPEARE : *Jules César*. Préface et traduction d'Yves Bonnefoy.
20. Victor HUGO : *Hernani*. Édition présentée et établie par Yves Gohin.
21. Ivan TOURGUÉNIEV : *Un mois à la campagne*. Édition de Françoise Flamant. Traduction de Denis Roche.
22. Eugène LABICHE : *Brûlons Voltaire !* précédé de *Un monsieur qui a brûlé une dame, La Dame aux jambes d'azur, L'Amour, un fort volume, prix 3 F 50 C, La Main leste, Le Cachemire X. B. T.* Édition présentée et établie par Olivier Barrot et Raymond Chirat.
23. Jean RACINE : *Phèdre*. Édition présentée et établie par Christian Delmas et Georges Forestier.
24. Jean RACINE : *Bajazet*. Édition présentée et établie par Christian Delmas.
25. Jean RACINE : *Britannicus*. Édition présentée et établie par Georges Forestier.
26. GOETHE : *Faust*. Préface de Claude David. Traduction nouvelle de Jean Amsler. Notes de Pierre Grappin.
27. William SHAKESPEARE : *Tout est bien qui finit bien*. Édition de Gisèle Venet. Traduction nouvelle de Jean-Michel Déprats et Jean-Pierre Vincent.
28. MOLIÈRE : *Le Misanthrope*. Édition présentée et établie par Jacques Chupeau.
29. BEAUMARCHAIS : *Le Barbier de Séville*. Édition présentée et établie par Françoise Bagot et Michel Kail.
30. BEAUMARCHAIS : *Le Mariage de Figaro*. Édition présentée et établie par Françoise Bagot et Michel Kail.
31. Richard WAGNER : *Tristan et Isolde*. Préface de Pierre Boulez. Traduction nouvelle d'André Miquel. Édition bilingue.
32. Eugène IONESCO : *Les Chaises*. Édition présentée et établie par Michel Lioure.
33. William SHAKESPEARE : *Le Conte d'hiver*. Préface et traduction d'Yves Bonnefoy.

34. Pierre CORNEILLE : *Polyeucte*. Édition présentée et établie par Patrick Dandrey.
35. Jacques AUDIBERTI : *Le mal court*. Édition présentée et établie par Jeanyves Guérin.
36. Pedro CALDERÓN DE LA BARCA : *La vie est un songe*. Traduction nouvelle et notes de Lucien Dupuis. Préface et dossier de Marc Vitse.
37. Victor HUGO : *Ruy Blas*. Édition présentée et établie par Patrick Berthier.
38. MOLIÈRE : *Le Tartuffe*. Édition présentée et établie par Jean Serroy.
39. MARIVAUX : *Les Fausses Confidences*. Édition présentée et établie par Michel Gilot.
40. Hugo von HOFMANNSTHAL : *Le Chevalier à la rose*. Édition de Jacques Le Rider. Traduction de Jacqueline Verdeaux.
41. Paul CLAUDEL : *Le Soulier de satin*. Édition présentée et établie par Michel Autrand.
42. Eugène IONESCO : *Le Roi se meurt*. Édition présentée et établie par Gilles Ernst.
43. William SHAKESPEARE : *La Tempête*. Préface et traduction nouvelle d'Yves Bonnefoy. Édition bilingue.
44. William SHAKESPEARE : *Richard II*. Édition de Margaret Jones-Davies. Traduction nouvelle de Jean-Michel Déprats. Édition bilingue.
45. MOLIÈRE : *Les Précieuses ridicules*. Édition présentée et établie par Jacques Chupeau.
46. MARIVAUX : *Le Triomphe de l'amour*. Édition présentée et établie par Henri Coulet.
47. MOLIÈRE : *Dom Juan*. Édition présentée et établie par Georges Couton.
48. MOLIÈRE : *Le Bourgeois gentilhomme*. Édition présentée et établie par Jean Serroy.
49. Luigi PIRANDELLO : *Henri IV*. Édition de Robert Abirached. Traduction de Michel Arnaud.
50. Jean COCTEAU : *Bacchus*. Édition présentée et établie par Jean Touzot.

51. John FORD : *Dommage que ce soit une putain*. Édition de Gisèle Venet. Traduction nouvelle de Jean-Michel Déprats.
52. Albert CAMUS : *L'État de siège*. Édition présentée et établie par Pierre-Louis Rey.
53. Eugène IONESCO : *Rhinocéros*. Édition présentée et établie par Emmanuel Jacquart.
54. Jean RACINE : *Iphigénie*. Édition présentée et établie par Georges Forestier.
55. Jean GENET : *Les Bonnes*. Édition présentée et établie par Michel Corvin.
56. Jean RACINE : *Mithridate*. Édition présentée et établie par Georges Forestier.
57. Jean RACINE : *Athalie*. Édition présentée et établie par Georges Forestier.
58. Pierre CORNEILLE : *Suréna*. Édition présentée et établie par Jean-Pierre Chauveau.
59. William SHAKESPEARE : *Henry V*. Édition de Gisèle Venet. Traduction nouvelle de Jean-Michel Déprats. Édition bilingue.
60. Nathalie SARRAUTE : *Pour un oui ou pour un non*. Édition présentée et établie par Arnaud Rykner.
61. William SHAKESPEARE : *Antoine et Cléopâtre*. Préface et traduction nouvelle d'Yves Bonnefoy. Édition bilingue.
62. Roger VITRAC : *Victor ou les enfants au pouvoir*. Édition présentée et établie par Marie-Claude Hubert.
63. Nathalie SARRAUTE : *C'est beau*. Édition présentée et établie par Arnaud Rykner.
64. Pierre CORNEILLE : *Le Menteur. La Suite du Menteur*. Édition présentée et établie par Jean Serroy.
65. MARIVAUX : *La Double Inconstance*. Édition présentée et établie par Françoise Rubellin.
66. Nathalie SARRAUTE : *Elle est là*. Édition présentée et établie par Arnaud Rykner.
67. Oscar WILDE : *L'Éventail de Lady Windermere*. Édition de Gisèle Venet. Traduction nouvelle de Jean-Michel Déprats.
68. Eugène IONESCO : *Victimes du devoir*. Édition présentée et établie par Gilles Ernst.

69. Jean GENET : *Les Paravents*. Édition présentée et établie par Michel Corvin.
70. William SHAKESPEARE : *Othello*. Préface et traduction nouvelle d'Yves Bonnefoy. Édition bilingue.
71. Georges FEYDEAU : *Le Dindon*. Édition présentée et établie par Robert Abirached.
72. Alfred de VIGNY : *Chatterton*. Édition présentée et établie par Pierre-Louis Rey.
73. Alfred de MUSSET : *Les Caprices de Marianne*. Édition présentée et établie par Frank Lestringant.
74. Jean GENET : *Le Balcon*. Édition présentée et établie par Michel Corvin.
75. Alexandre DUMAS : *Antony*. Édition présentée et établie par Pierre-Louis Rey.
76. MOLIÈRE : *L'Étourdi*. Édition présentée et établie par Patrick Dandrey.
77. Arthur ADAMOV : *La Parodie*. Édition présentée et établie par Marie-Claude Hubert.
78. Eugène LABICHE : *Le Voyage de Monsieur Perrichon*. Édition présentée et établie par Bernard Masson.
79. Michel de GHELDERODE : *La Balade du Grand Macabre*. Préface de Guy Goffette. Édition de Jacqueline Blancart-Cassou.
80. Alain-René LESAGE : *Turcaret*. Édition présentée et établie par Pierre Frantz.
81. William SHAKESPEARE : *Le Songe d'une nuit d'été*. Édition de Gisèle Venet. Traduction de Jean-Michel Déprats. Édition bilingue.
82. Eugène IONESCO : *Tueur sans gages*. Édition présentée et établie par Gilles Ernst.
83. MARIVAUX : *L'Épreuve*. Édition présentée et établie par Henri Coulet.
84. Alfred de MUSSET : *Fantasio*. Édition présentée et établie par Frank Lestringant.
85. Friedrich von SCHILLER : *Don Carlos*. Édition de Jean-Louis Backès. Traduction de Xavier Marmier, revue par Jean-Louis Backès.
86. William SHAKESPEARE : *Hamlet*. Édition de Gisèle Venet. Traduction de Jean-Michel Déprats. Édition bilingue.

87. Roland DUBILLARD : *Naïves hirondelles*. Édition présentée et établie par Michel Corvin.
88. Édouard BOURDET : *Vient de paraître*. Édition présentée et établie par Olivier Barrot et Raymond Chirat.
89. Pierre CORNEILLE : *Rodogune*. Édition présentée et établie par Jean Serroy.
90. MOLIÈRE : *Sganarelle*. Édition présentée et établie par Patrick Dandrey.
91. Michel de GHELDERODE : *Escurial* suivi de *Hop signor!* Édition présentée et établie par Jacqueline Blancart-Cassou.
92. MOLIÈRE : *Les Fâcheux*. Édition présentée et établie par Jean Serroy.

COLLECTION FOLIO

Dernières parutions

4020.	Marie Ferranti	*La Princesse de Mantoue.*
4021.	Mario Vargas Llosa	*La fête au Bouc.*
4022.	Mario Vargas Llosa	*Histoire de Mayta.*
4023.	Daniel Evan Weiss	*Les cafards n'ont pas de roi.*
4024.	Elsa Morante	*La Storia.*
4025.	Emmanuèle Bernheim	*Stallone.*
4026.	Françoise Chandernagor	*La chambre.*
4027.	Philippe Djian	*Ça, c'est un baiser.*
4028.	Jérôme Garcin	*Théâtre intime.*
4029.	Valentine Goby	*La note sensible.*
4030.	Pierre Magnan	*L'enfant qui tuait le temps.*
4031.	Amos Oz	*Les deux morts de ma grand-mère.*
4032.	Amos Oz	*Une panthère dans la cave.*
4033.	Gisèle Pineau	*Chair Piment.*
4034.	Zeruya Shalev	*Mari et femme.*
4035.	Jules Verne	*La Chasse au météore.*
4036.	Jules Verne	*Le Phare du bout du Monde.*
4037.	Gérard de Cortanze	*Jorge Semprun.*
4038.	Léon Tolstoï	*Hadji Mourat.*
4039.	Isaac Asimov	*Mortelle est la nuit.*
4040.	Collectif	*Au bonheur de lire.*
4041.	Roald Dahl	*Gelée royale.*
4042.	Denis Diderot	*Lettre sur les Aveugles.*
4043.	Yukio Mishima	*Martyre.*
4044.	Elsa Morante	*Donna Amalia.*
4045.	Ludmila Oulitskaïa	*La maison de Lialia.*
4046.	Rabindranath Tagore	*La petite mariée.*
4047.	Ivan Tourguéniev	*Clara Militch.*
4048.	H.G. Wells	*Un rêve d'Armageddon.*
4049.	Michka Assayas	*Exhibition.*
4050.	Richard Bausch	*La saison des ténèbres.*
4051.	Saul Bellow	*Ravelstein.*
4052.	Jerome Charyn	*L'homme qui rajeunissait.*

4053.	Catherine Cusset	*Confession d'une radine.*
4055.	Thierry Jonquet	*La Vigie* (à paraître).
4056.	Erika Krouse	*Passe me voir un de ces jours.*
4057.	Philippe Le Guillou	*Les marées du Faou.*
4058.	Frances Mayes	*Swan.*
4059.	Joyce Carol Oates	*Nulle et Grande Gueule.*
4060.	Edgar Allan Poe	*Histoires extraordinaires.*
4061.	George Sand	*Lettres d'une vie.*
4062.	Frédéric Beigbeder	*99 francs.*
4063.	Balzac	*Les Chouans.*
4064.	Bernardin de Saint Pierre	*Paul et Virginie.*
4065.	Raphaël Confiant	*Nuée ardente.*
4066.	Florence Delay	*Dit Nerval.*
4067.	Jean Rolin	*La clôture.*
4068.	Philippe Claudel	*Les petites mécaniques.*
4069.	Eduardo Barrios	*L'enfant qui devint fou d'amour.*
4070.	Neil Bissoondath	*Un baume pour le cœur.*
4071.	Jonahan Coe	*Bienvenue au club.*
4072.	Toni Davidson	*Cicatrices.*
4073.	Philippe Delerm	*Le buveur de temps.*
4074.	Masuji Ibuse	*Pluie noire.*
4075.	Camille Laurens	*L'Amour, roman.*
4076.	François Nourissier	*Prince des berlingots.*
4077.	Jean d'Ormesson	*C'était bien.*
4078.	Pascal Quignard	*Les Ombres errantes.*
4079.	Isaac B. Singer	*De nouveau au tribunal de mon père.*
4080.	Pierre Loti	*Matelot.*
4081.	Edgar Allan Poe	*Histoires extraordinaires.*
4082.	Lian Hearn	*Le clan des Otori, II : les Neiges de l'exil.*
4083.	La Bible	*Psaumes.*
4084.	La Bible	*Proverbes.*
4085.	La Bible	*Évangiles.*
4086.	La Bible	*Lettres de Paul.*
4087.	Pierre Bergé	*Les jours s'en vont je demeure.*
4088.	Benjamin Berton	*Sauvageons.*
4089.	Clémence Boulouque	*Mort d'un silence.*
4090.	Paule Constant	*Sucre et secret.*
4091.	Nicolas Fargues	*One Man Show.*

4092.	James Flint	*Habitus.*
4093.	Gisèle Fournier	*Non-dits.*
4094.	Iegor Gran	*O.N.G.!*
4095.	J.M.G. Le Clézio	*Révolutions.*
4096.	Andréï Makine	*La terre et le ciel de Jacques Dorme.*
4097.	Collectif	*«Parce que c'était lui, parce que c'était moi».*
4098.	Anonyme	*Saga de Gisli Súrsson.*
4099.	Truman Capote	*Monsieur Maléfique et autres nouvelles.*
4100.	E.M. Cioran	*Ébauches de vertige.*
4101.	Salvador Dali	*Les moustaches radar.*
4102.	Chester Himes	*Le fantôme de Rufus Jones* et autres nouvelles.
4103.	Pablo Neruda	*La solitude lumineuse.*
4104.	Antoine de St-Exupéry	*Lettre à un otage.*
4105.	Anton Tchekhov	*Une banale histoire.*
4106.	Honoré de Balzac	*L'Auberge rouge.*
4107.	George Sand	*Consuelo I.*
4108.	George Sand	*Consuelo II.*
4109.	André Malraux	*Lazare.*
4110	Cyrano de Bergerac	*L'autre monde.*
4111	Alessandro Baricco	*Sans sang.*
4112	Didier Daeninckx	*Raconteur d'histoires.*
4113	André Gide	*Le Ramier.*
4114.	Richard Millet	*Le renard dans le nom.*
4115.	Susan Minot	*Extase.*
4116.	Nathalie Rheims	*Les fleurs du silence.*
4117.	Manuel Rivas	*La langue des papillons.*
4118.	Daniel Rondeau	*Istanbul.*
4119.	Dominique Sigaud	*De chape et de plomb.*
4120.	Philippe Sollers	*L'Étoile des amants.*
4121.	Jacques Tournier	*À l'intérieur du chien.*
4122.	Gabriel Sénac de Meilhan	*L'Émigré.*
4123.	Honoré de Balzac	*Le Lys dans la vallée.*
4124.	Lawrence Durrell	*Le Carnet noir.*
4125.	Félicien Marceau	*La grande fille.*
4126.	Chantal Pelletier	*La visite.*
4127.	Boris Schreiber	*La douceur du sang.*
4128.	Angelo Rinaldi	*Tout ce que je sais de Marie.*

Composition Interligne.
Impression Bussière
à Saint-Amand (Cher), le 26 janvier 2005.
Dépôt légal : janvier 2005.
1ᵉʳ dépôt légal dans la collection : mars 2000.
Numéro d'imprimeur : 50150.
ISBN 2-07-041264-4./Imprimé en France.

135169